哪有没时间这回事

白金版

纪元 —— 著

北京联合出版公司
Beijing United Publishing Co.,Ltd.

图书在版编目（CIP）数据

哪有没时间这回事：白金版 / 纪元著. — 北京：
北京联合出版公司, 2022.3
ISBN 978-7-5596-5757-2

Ⅰ. ①哪… Ⅱ. ①纪… Ⅲ. ①时间—管理—通俗读物
Ⅳ. ①C935-49

中国版本图书馆CIP数据核字（2021）第240576号

哪有没时间这回事：白金版

作　　者：纪　元
出 品 人：赵红仕
选题策划：北京时代光华图书有限公司
责任编辑：李　伟
特约编辑：李森森
封面设计：济南新艺书文化
版式设计：王江风

北京联合出版公司出版
（北京市西城区德外大街83号楼9层　　100088）
北京时代光华图书有限公司发行
文畅阁印刷有限公司印刷　　新华书店经销
字数123千字　　880毫米×1230毫米　　1/32　　6.5印张
2022年3月第1版　　2022年3月第1次印刷
ISBN 978-7-5596-5757-2
定价：49.80元

早起的鸟儿养成计划

晚间时间争夺战

第二章
不用专注也能完成80%任务的进阶技能

帮你告别无所事事的碎片清单

任务粉碎程序

第三章
让高效毫不费力的高级技能

逆"习"思维

找到最适合自己的习惯

目录 ②

工作间隙

晚上 8 点到 10 点

睡前一小时

前 言

碎片化时代的碎碎念

很多事情不得不做；

很多事情想做但从未去做；

很多事情做了但坚持不下来；

总感觉自己很忙碌，但想不起来到底干了什么；

大量的时间被他人占用，剩下的时间被自己浪费；

早上起不来，晚上不想睡，缺乏锻炼，没空学习，

做事效率低，生活不规律；

一堆臭毛病想改改不掉，别人身上的好习惯想学做不到；

......

你是不是已经躺枪？

如果是，那么你病得不轻呀，可能已经患了"碎片化时代综合征"。

前些天去看奶奶，告诉她我在写书。奶奶知道我平时靠讲课维持生计，而且最近把所有课都暂停了，就在家闷头写书。她语重心长地对我说："找个正经事干吧。"奶奶说的正经事其实就是一份朝九晚五的安稳工作，但这种工作已经不存在了，老板恨不得你连轴转。

虽然奶奶对电脑、手机、网络、电子商务之类的玩意儿一窍不通，但这并不影响她的生活。我们则不同。如果你和我奶奶一样，仍然在期待一份安稳工作，那你已经注定被"拍在沙滩上"了。移动网络都5G了，世界已进入3F时代——碎片化（fragmentation）、快节奏（fast）、自由（free）。过去的工作，工作内容多是一成不变的，我们可以用整块的时间慢条斯理地做。但未来的工作，面临着环境、内容等各方面的变化，所以必须3分钟就处理一件事情。同时，我们可以自己决定工作的时间、地点、方式。这就需要我们掌握更多种类的技能，有更强的合作意识，有更出色的自我管理能力。

"碎片化时代综合征"是时代病,是时代变化趋势给我们敲的警钟,我们所感受到的焦虑是落后于未来导致的。不过痊愈并不难,本书可以助你一臂之力。只需要掌握"三级技能",熟练运用"三个清单",就可以自如地应对碎片化带来的冲击,并为未来工作做好准备。

初级技能,你需要用全新的视角重新整理你的时间,尽可能地把被碎片占据的时间夺回来。

进阶技能,你需要用争取到的时间丰富自己的技能,建立更广泛的人脉。同时,建立一套良性运转的任务处理系统,高效做事。

高级技能,你需要把新的技能植入体内形成自己的习惯,用全新的自己应对未来。

这三部分内容凝聚了我这十多年来学习和实践的积累:

2005年开始创业做教育培训,琐事一下子多了;2006年开始学习时间管理;2007年应邀编纂了一本时间管理教材，对时间管理有了全面了解；2008年一次生病住院让我意识到平衡生活与工作的重要性，自那之后我开始早睡早起；近些年一直讲授时间管理、早起、习惯培养等课程，并且创办了早起的鸟儿社群、水果捞学习会、享学社等沙龙组织。对中外学者、牛人方法的总结，我个人十多年的实践，加上我在中国科学院心理研究所学到的心理学知识，构成了这本书的基础。本书倡导的方法基于心理学，使人在顺应人性、自然、常态的状态下管理自己。

感谢我的家人，认可和支持我一直以来的努力。感谢鼓励并促使我进步的朋友们。感谢信任我的学员们，帮助我成为"最顺应人性的个人管理培训师"。感谢编辑和设计为本书所做的创造性工作，例如，除常规目录外，又编制了一个场景化的目录。感谢插画师为本书手绘的插画和实用表格，使这本"干货集"顿时灵动可爱起来。

我相信未来属于自律者，"使自律者自由"是我的个人使命，若你和我一样渴望成为未来的一分子，成为自由的自律者，那么就请分享我的所学所愿吧。

第一章

让一天变28个小时的初级技能

你有被时间赶着走，忙了一天却又觉得什么也没做的感觉吗？这就是失控，说明你的大部分时间正被别人占用，而自己却无法控制剩余的时间。阅读本章内容时，你的任务是重新掌控自己的时间。这是一种心中有数的感觉，有按部就班的惬意，而且无须动太多脑。在本章中，你将学会使用你的第一张清单。

从安排日程开始，也许你就错了

本章中，你将学会建立并使用你的第一张清单——时间段清单。

先整理心情，再整理事情

碎了就碎了吧

我第一次感到一天的时间有点碎是大学期间，那是1999年。在那之前，生活对我来说就是"吃喝拉撒+上学+玩"。吃喝拉撒是被迫的，有人管，不用操心，不觉得碎；上学是被动的，时间都被规划好了，整块整块的，根本不碎；玩是很主动的，肆无忌惮，各种玩，完全不怕碎。

上大学以后开始不同了，事情没变，还是"吃喝拉撒+上学+坑"，但就是感觉一天的时间是被割裂的，不够用。虽然大部分时间都用来玩了，但还是嫌不够呀！吃喝拉撒不再被迫，我得自己决定吃什么、喝什么、买什么了；上学虽然有课程表规划着，但去不去上课就不一定了，你懂的；玩也玩得更五花八门了，还得谈恋爱交女朋友呢！

你瞧，我这不是当家做主的节奏嘛！现在我才意识到，那时强烈的碎片感是进入大学后独立自主的生活节奏带来的。早认识到这一点，我那时就该好好整理下自己，也就不至于荒废那么多时间了，唉……你呢？你在读这本书，说明你也开始体会到时间不够用了吧？我知道你事情多，但我还是想恭喜你，你现在的感受说明你正在努力地把主动权抓回自己手里。

勤奋的人是时间的主人，懒惰的人是时间的奴隶，当主人挺辛苦的，当奴隶快乐吗？

毕业之后，我的碎片感与日俱增。工作，独立生活，创业，结婚，生女，再开始创业，事情越来越多，时间越来越碎。

此时此刻，我是早起的鸟儿社群的发起人、享学社的发起人、水果捞学习会创始人，是一名自由培训师；我还是这本书的作者；同时，我算是一个还不错的丈夫、一个还不错的爸爸。不仅如此，我也在努力做个好儿子、好朋友等一堆角色。

这里面的每一个角色都包含了我自己和他人的期待，每个角色背后都是一堆琐碎的事情，它们不断地涌进我的每一天。

把碎片一张张翻过来，正面朝上

我女儿喜欢玩拼图。每次她都会把一堆拼图倒出来，然后一张张地翻过来，让有图的一面朝上，之后才开始拼。我记得小时候我也有一盒拼图，数目不多，只有40块，而且是我唯一的一盒拼图。没事时我就会把它们倒出来摆弄，久而久之，我对里面的每一块拼图都了如指掌，因此也就能拼得飞快。

一天中，每件事情都是一块碎片，就像一块块拼图组成了完整的一天。刚开始着手整理碎片时，你有必要先花点时间把每件事情"翻"过来看看，让它们"正面朝上"，一览无余地呈现在你面前。之后在每天的"拼图"练习中不断地熟悉它们，做到烂熟于胸。当你对一天中的每块碎片都心中有数时，效率和掌控感也就来了。

下页图中所列的是我的日常事务。

DAILY TO DO LIST

- ☐ 起床 上厕所 喝水 刷牙
- ☐ 打坐 健身 听书 学习
- ☐ 收邮件 安排当天工作 发邮件

- ☐ 做早餐 烧水 叫家人起床
- ☐ 吃早餐 洗碗
- ☐ 收拾屋子 叠被子/铺床

重要工作产出
- ☐ _____
- ☐ _____
- ☐ _____
- ☐ _____
- ☐ _____

- ☐ 小憩 准备加餐 洗澡

- ☐ 上午加餐
- ☐ 做午餐 吃午餐
- ☐ 午休 TED

- ☐ 沟通推进工作
- ☐ 社交
- ☐ 阅读学习类事务

- ☐ 准备晚餐 吃晚餐 陪孩子
- ☐ 准备第二天早餐 安排第二天任务 做记录

每个人的工作和生活方式都不一样，这里列出我的日常事务，仅是为了拓展你对日常事务的理解，接下来，请你也列出自己一天中的事务。

请列出那些你每天都做的事情以及每周会做两三次的事情，除了已经在做的，还可以列一些你希望自己做到的，所有这些事情都是你每天相对固定的必须做的事情。

不用担心以后的变动，写的时候你只需要思考未来3个月就足够了，不必期待列出来的事情可以管一辈子。推荐你按照一天的时间顺序来思考，但不需要写具体的时间点，只列事情即可。请开始。

下图是一位前来咨询的小伙伴大致列出的日常事务清单。

DAILY LIST

- ☐ 起床
- ☐ 做早饭
- ☐ 叫孩子起床
- ☐ 送孩子上学

- ☐ 接孩子放学
- ☐ 做晚饭

- ☐ 亲子时光
- ☐ 收拾家务
- ☐ 哄孩子睡觉

- ☐

- ☐ 看行业动态资讯
- ☐ 收发邮件
- ☐ 开部门会议
- ☐ 开项目会议

- ☐ 写策划案
- ☐ 审改报告
- ☐ 联系客户
- ☐ 客户会谈
- ☐ 写报告

- ☐ 阅读
- ☐ 睡觉

写下来才明晰，列出来才健康

停！你是不是没按照前面说的去写，打算接着往下读？能理解，现代人做事不缺速度，缺停顿。太着急，憋着劲儿要把一件事赶紧做完，把一本书赶快读完，一门心思往里扎，却不愿意花时间跳出来理理清楚。这也就是为什么"磨刀不误砍柴工"是名言，而"抓紧时间"却是空话。

一口气读完一本书很爽，可是有啥用呢？首先我来帮你做个切割，我们主动地碎片化一下，在往下读之前，请你一定把你的一天写一写。你不是想要逃出原来浑噩混乱的生活吗？这就是出口。

是的，一定要写，光想肯定不行，我们做个实验你就能明白。

实验：接下来我会写出几种动物，你看过一遍之后合上书，在你的脑子里按照动物的个头从大到小排序，清楚了吗？请开始。

蜻蜓，狗，青蛙。

很容易，对吧？请继续第二组。

蜗牛，大象，猫，蜥蜴，考拉，蚂蚁，猎豹。

很吃力，对吧？为什么3种动物时挺轻松，7种动物就很费劲呢？对于电脑来说这没什么区别，但人脑就不行。这个实验用到的是大脑的"工作记忆"功能区，和我们平时安排事情时用的功能区一样，它的容量有限，只有4个单元，再多就吃不消了，若不借助外部工具的话是肯定不行的。

这还只是7种动物，只是比大小这么简单。如果我们想要安排一天中数十件抽象的事情，并且给它们都排好时间，想清楚怎么做，这靠大脑随便想想是不可能完成的。大脑想着想着就烦了，然后就指挥你玩手机去了。所以一定要写，要用外部工具，要视觉化。

弗洛伊德认为，人的心理活动包含意识和潜意识。就像冰山一样，我们能够有意识地安排事情的这部分脑子仅是冰山一角，大部分我们觉察不到的潜在海底的潜意识，则是我们心理活动的驱动力量。列清单就是把不该进潜意识的、意识又处理不过来的事情放到大

脑以外，从而为你减轻负担。

日常生活中，我们每天要做的事情怎么也有几十件，大脑本身是安排不开的。硬逼着大脑想，它就会烦。如果大脑烦了，它就会想不烦的招儿，最省事的方法就是想别的更有意思的事情，把让它烦的事往"下"压，这叫选择性遗忘。于是你就注意力涣散了，刷微博刷抖音，快乐去了。但是，出来混迟早要还的！那些事情毕竟无法永远埋在冰山底下，它们会时不时地冒上来要求你认真面对，这时焦虑和压力就又都回来了。

你是否听过身边的人抱怨工作压力大，有很多事情要处理？如果这位一脸苦相的朋友列出清单，就会发现情况大有不同。

我写字台右手边的抽屉从没收拾过，里面堆满了各种小零碎，每次一拉开我就头疼，只想尽快找到我要的东西，然后立刻把它关起来。要是我把里面的东西一件件拿出来，写在纸上，列出单子，之后"纸上谈兵"一番，决定每件物品何去何从，这样就会舒服很多。我们一辈子有几万天，为一个要拉开上万次的抽屉编排个目录，可是赚大了。

不多说了，没整理的话请立刻开始吧。

给你一些其他朋友的示例供参考。

一位教育行业的年轻朋友把自己的事情分成了工作、锻炼、父母、生活、学习、个人成长、其他 7 个方面。

一位出版社的编辑把工作细化为联系选题、处理目录样章、初审、复审、新书市场信息编辑、营销计划、作者沟通、事业部沟通8个方面。

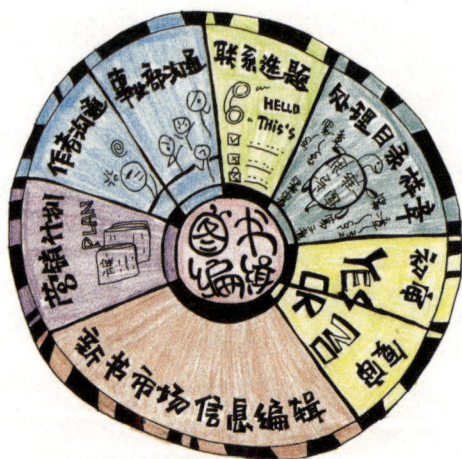

小结

核心任务：列出你的日常事务清单。

作用意义：

1. 日常事务是你每一天的基础，只有日常事务处理得好，才可能处理更复杂的、更高价值的事情。列出这些日常事务也是建立你第一张清单的基础。

2. 列出来避免你焦虑，在执行时不是从你的大脑中提取，而是从清单中读取。

3. 有助于你不断思考如何将这些日常任务做得更好。

只有超人和傻蛋才用严格的日程表，我们用时间段

这样安排事情不靠谱

现在你已经把日常事务都列出来了，接下来要做的事情就是安排好它们。一说到安排，问题就来了。

我记得上小学时，每到暑假，老师就会让我们为自己写一个假期的时间安排表，基本上写出来的都是这个样子的：

日程表		星期一	星期二	星期三	星期四	星期五	星期六	星期日
7:30—7:50	起床，洗漱							
7:50—8:20	吃饭							
8:20—8:50	读英语（每天一模块）							
8:50—10:00	写暑假作业（语数各4页）							
10:00—12:00	玩电脑、看课外书							
12:30—15:00	吃饭、午休							
15:00—15:40	练字帖							
15:40—16:40	预习五年级新知识 或复习四年级旧知识							
16:40—18:10	锻炼、玩乐							
18:10—19:30	吃饭							
19:30—20:30	看课外书或写博文							
20:30—21:40	看电视							
21:40—21:50	写暑假记录							
21:50	准备睡觉							
抽时间做一件我力所能及的家务								

结果从第一天开始，现实生活基本上是下面这个样子的：

9：30 起床，开始打游戏。

10：30 打游戏。

11：30 被迫去吃午饭。

12：30 打游戏。

15：30 实在困了，睡会儿。

17：30 打游戏，被迫做些家务，吃晚饭。

18：30 继续打游戏。

01：00 实在打不动游戏了，去睡了。

你知道吗，在写这份令人发指的暑假作息时间表时，老师的标准是让我们向超人学习。我们自己也是按照自己觉得"应该"的样子来计划的，久而久之，自己都分不清谎言和事实了。计划越是理想化，我们就越不可能参考时间表做事，现实也就越显得惨不忍睹。越是努力去执行严格的时间表，我们就越有可能体会到挫败感、焦虑感，也就越无法坚持。

"自由从何而来？从自信来，而自信则从自律来！先学会克制自己，用严格的日程表控制生活，才能在这种自律中不断磨炼出自信。自信是对事情的控制能力，如果连最基本的时间都控制不了，还谈什么自信。"

听过这段话吗？有人说这是乔布斯说的，但我认为这话未必出自乔布斯之口，而是某位有励志癖的写手写的，并且写得蛮不错。

还有人说乔布斯年轻时每天凌晨4点起床，9点半前把一天的工作做完。我每天也是凌晨4点起床，坚持两年多了。至于每天9点半前把一天的工作都做完，这我倒是没有过，但确实体会过重要的事情在晨间完成后的轻松感觉。我也认同自由以自律为基础，说白了，我觉得普通人勤奋些是对的，至于"克制自己""严格的日程表"，这些我就很难认同了。最怕的就是有人把这种伪方法当馅儿，塞进励志的皮儿里。

乔布斯、比尔·盖茨、甘地、曼德拉……这些"超人"其实也是普通人，他们确有某些特质让我们这些普通人望尘莫及。他们的经历和角色要求他们扮演超人，所以，也许他们真的可以执行好严格的日程表。

但实际上，那都是书里写的故事，里面的超人们是被理想化了的人，其实他们也不一定做得到。我就不信乔布斯没有因为某个艰巨的任务犯过拖延症，比尔·盖茨工作时不会被手机打扰，他们年轻的时候难道晚上都是在刻苦用功，从不会追剧、打游戏？

28岁以前，我也在努力让自己向超人们看齐，也看过不少励志书，而且不止一次犯下暑假计划的错误——尝试用所谓的"严格的日程表"来控制自己。那样的日程表经常从早起开始就失败了，然后整个人都很沮丧。

超人的方法也许真的可行，但我们刚开始尝试，还是小白，应该用小白的心态学习，以小白的标准要求自己，这样才能坚持下来。

时间表只会逼死你

有一本书叫《奇特的一生》，在时间管理领域备受推崇。这本书讲的是一个叫柳比歇夫的人，他在从26岁开始的56年时间里，坚持记录每天做的事情和用时，基于此进行统计、分析和目标制定。他的记录方法被称为"时间日志"。

看到了吗，这就是"超人"！即使是26岁他刚开始尝试他的方法时，就已经和我们很不同了，更别提加上56年的积累了。你说他的方法难吗？其实不难，就是做了什么事情记下来花了多少时间，小学生也能做，但真能坚持下来的没几个人。为什么？因为枯燥无趣，效果不佳，且挫败感极强！

有些朋友会说，无论是严格的时间表还是柳比歇夫的时间日志，这些方法都是被不少人证明过的，没问题呀！但是，这些都是超人的方法，我们不该用理想化的方法要求自己，那是赶鸭子上架。某些情况下，人不会越挫越勇，只会越挫越败。

　　前面提到的小学暑假作业那个日程表，是现在不少书籍和软件都推荐的方法，它们通常以类似下面的样子出现。

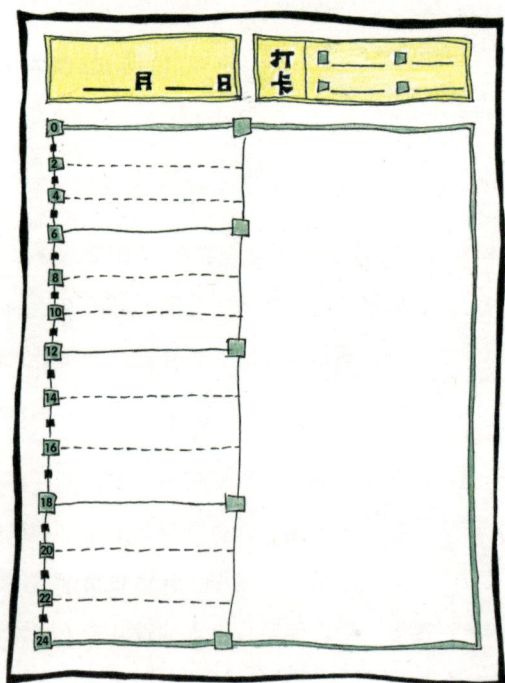

　　以一小时为单位，把每天分成24个格子，暗示我们把事情安排在一个具体的开始和结束的时间点上。但是它从未被很好地执行过，更可悲的是，我们规划得越认真越细致，就越难以执行从而越受挫。尽管如此，它还是被各种时间管理书籍所推崇，因为太符合人的直觉了，且很容易被理解。

"嗯，我现在要开始规划我的每一天了，6点到7点干什么呢，7点到8点做哪些事……"若你真的尝试如此规划并试图执行就会发现，一通电话、一个会议、一会儿懈怠，就可以轻易地摧毁整张时间表。

这种24小时时间表我不推荐。"小时"不是人们思考每天的安排时的单位，人们真正安排时首先是按"段"计划的——上午干什么，下午干什么。而且，时间只是人们在安排事情时的一种考量维度，单纯的时间表无法承载这些。考量得越少，变数越大，越缺乏弹性，把工作任务塞在严苛的时间表中，一旦出现干扰，由于"空隙"太少，就会影响到整张时间表。即使最终一天的任务都完成了，但由于与最开始的计划期待不符，人们也容易体会到挫败感。

把一天划分成若干时间段

在列"日常事务"时，我建议按照一天的时间顺序来思考，但不要写具体的时间点。因为在碎片整理程序的第一个步骤里，我们的任务是把所有的拼图碎片都翻过来看一遍，而在第二个步骤里，我们才正式开始拼，也就是把一天中的事情进行安排。我们已经知道，一旦开始思考时间点，我们就在倾向于使用严苛的方式来安排一天，这不可取。所以在规划每天时，应该用"时间段"来划分。来看一个例子：把一天分成9个时间段。

4：00—5：30（晨间）：锻炼，跑步，处理清单。

5：30—7：00（早间）：做早餐，叫家人起床，写短视频稿。

7：00—8：30（通勤）：听英语。

8：30—11：00（上午）：办公，高度创造力脑力活动，穿插碎片化健身。

11：00—13：00（午休）：吃饭，小睡，放松。

13：00—17：00（下午）：办公，中低度脑力活动，处理琐碎事务，穿插碎片化健身。

17：00—18：00（通勤）：碎片化健身，听英语。

18：00—19：10（晚间）：晚饭，陪家人。

19：10—20：30（睡前）：洗澡，睡前程序，准备早餐。

这9个时间段并不是随意划分的，而是在详细审视了时间、地点、物品、环境、他人和自己的身心状态后确定下来的。这六大要素决定了某一时间段内适合做哪些事情，不适合做哪些事情。

以我的"晨间"时间段为例，这段时间我在家，没有人打扰，天黑，周围很静，我刚起床，身体尚未舒展，精神也未完全兴奋，所以我给自己安排的是锻炼之类的事情"热身"；而接下来，我的家人起床了，我们一起吃早餐，这时就进入了"早间"时间段，我自己的事情必须搁置，这段时间我最主要的任务是和家人互动，开心地过好早上。

小结

核心任务：将一天划分成若干时间段。

这部分旨在帮你理解，对自己不切实际的严苛要求是导致大部分事情失败的原因，这也是本书的一个核心思想。

时间、地点、物品、环境、他人和身心状态是我们安排事情时要考虑的六大要素。你要据此把自己的一天划分成若干时间段来安排日常事务。

不断改进的是规划，墙上一挂的是鬼话

对的时间做对的事

"纪老师，我有拖延症，有些时候我效率还行，但很多时候我的

状态很差，无法专心工作，什么也不想干，我该如何提高效率？"

"你好，人不是总高效，也不会总拖延。一天当中，人总会有状态不好的时候，问题不在于状态不好时怎么办，而在于状态好的时候是否真正利用起来并高效工作了。关注积极面，对自己好一点，发现你自己的高效时间段是正解。"

以上是我和咨询者的一问一答，并不是某一位具体的学员或网友，而是很多人问的问题的典型代表。其实国外早有调研显示，职场人士一天的有效工作时间也就2~3个小时，剩下的时间估计都开小差去了。很多人对自己有要求，所以接受不了自己闲耗浪费时间，也不允许自己状态不好。

其实，状态无所谓好坏，只是有着不同的特点。把一天划分成若干时间段有助于你发现这些特点，这样才能做到适合的时间做适合的事情。该工作工作，该玩玩，岂不美哉？

不断优化每个时间段

先看某位学员的一个例子。

小Y是某IT公司员工，他们公司实行弹性工作制，上午员工最迟可以10点到公司，小Y就是如此。公司中午12点开始午休，那么从10点到12点这两个小时，就是一个时间段，我们分析一下这个时间段内六大要素的特点。

🕐 时间	**10:00—12:00**
🏠 地点	办公室，确切地说是办公桌
📦 物品	小Y公司有严格的IT安全保障要求，所以他们的工作必须使用公司设备，且没有Wi-Fi
🌳 环境	办公场所，周围有领导有同事，大家都比较忙碌
👤 他人	小Y的工作要求团队配合，所以这段时间有可能有会议，有其他同事过来交流，有领导过来询问进度，还有客户登门交流拜访
❤️ 身心状态	通常小Y感觉自己这段时间状态不错，12点左右效率开始下降

当我们界定了这样一个时间段并分析了它的特点之后，再对小Y的工作任务稍作分类就会发现，在这个时间段里有些工作比较适合做，有些则不适合，而且还能发现一些优化和提高这个时间段效率的具体措施。例如，这个时间段内干扰较多，不适合做需要深度思考和高效产出的事情。若小Y的手头工作已经完成，就可以主动发起对自己有利的会议和讨论，并主动向领导汇报，这样就可以从被打扰的状态中摆脱出来，使自己专注的时间比例提高。

搬家之前，我们三口人和父母住一起，家里有老人有孩子，没法工作，我就去周边的社区图书馆。图书馆有固定的开放时间，每次上网需要先手机验证，图书馆里的其他人偶尔也会和我聊天，这段时间的工作就会受各种影响。搬家之后就不同了，孩子正好上了幼儿园，我就在家里工作，不用再跑了，省了不少气力和时间，打扰也少很多。

我的写字台在起居室里，上午没阳光，写字台上的东西也比较多，爱人也常常会用，我就在有阳光的卧室新添了一张桌子，什么也不摆，仅有纸笔供我构思使用。起居室的写字台上我还特意弄了双显示器，在笔记本电脑屏幕上开全屏写作，在另一台显示器上查资料，这样可以很好地避免自己分心。

光这样我还嫌不够，上午9点到11点这段时间我还给自己新添了喝绿茶的习惯。泡杯茶，舒舒服服地写书，心情很舒畅。

细心的你可能已经发现，通过这些努力，我基本控制住了前面提到的时间段内六大要素。当这六大要素变得极其稳定，这个时间段的控制权几乎全部掌握在我手中时，我就可以专注高效地进行工作产出了。

接下来，也许我还应该把手机调静音，让我的座椅更舒适些，提前准备好上午加餐的食品，定点加餐，其他各种零食统统藏起来，喷点精油让屋子里的气味闻起来更怡人……

时间：9：00—11：00

地点：家。

物品：双书桌、双显示器、纸和笔。

环境：洒满阳光新书桌，除了纸、笔和显示器没有别的东西，专心致志。

他人：不再受孩子和父母影响，不再受图书馆里的人影响，我爱人在家工作时我们也可以分开屋子。

身心状态：8点左右我基本都会小憩一下（因为我4点起床），9点时精力充沛，一杯绿茶让我心情愉悦。

用清单整理碎片

我是从2012年底开始尝试4点起床的。在最开始的那段时间，起来之后经常会有种无所事事的感觉。其实并非没有事情可做，早起后是要逐渐进入状态的，开始时并不是那么清醒，很多时候想不起该做些什么，耗着耗着时间就过去了。我觉得这样不行，于是我尝试把起床之后要做的事情列出清单，并且按顺序排好，然后按照单子上的事情做，碰到不合理的地方再调整。有了这张单子效率高多了，我再不用费力思考做什么，按部就班地执行即可。现在，我早上第一个时间段（4:00—5:30）的做事步骤是这样的。

1. 关闹钟 DING

13. 处理琐碎工作

12. 安排一天工作

LIST

7. 查字

9. 坐姿屈膝

10. 深蹲

11. 短桥

豆瓣电台

8. 打开手机音

衣服

做事

3.
上厕所

4. 刷牙

6. 签到
签到表

酷狗

豆瓣音乐人

5. 喝水

　　你看，事情蛮多蛮碎的是不是？但列出来就不怕了。起床后到签到前是一系列让自己清醒起来的事情。用手机签到后再看看天气，然后边听学习资料边锻炼身体，锻炼完毕，开始安排当天的工作，之后再把其中一些简单琐碎的事情干掉。

　　后来我发现，列步骤这个方法不仅仅适用于早起后，一天中的每个时间段都可以编排成步骤、变成程序，这样会省心很多。于是我开始逐渐编制一天中的每个时间段，以下是我第二个时间段（5:30—7:30）的步骤。

做早餐。

6：00 叫爱人起床。

一起吃早餐。

洗碗。

6：30 叫孩子起床，放早间音乐。

收拾屋子，还原物品。

叠被子铺床。

开窗通风换气。

收拾垃圾。

烧水。

偶尔晨便。

这段时间我需要和爱人配合，她负责陪孩子起床、洗漱、穿衣服、去幼儿园，我负责供应早餐、收拾屋子，直到把她们送走，我也基本把屋子收拾整齐了。按照这个单子做，两个小时的时间很快就过去了，相当充实也相当开心。

怎么样，一段一段地编排起来，再多再碎的事情也不怕了吧？那么请开始列你的时间段步骤清单吧。

界限、八分饱与仪式感

记得我上小学时，下午3点多放学，学校安排了课外班，学生可以参加兴趣小组，也可以在学校写作业。没过多久，各个主科的老师就霸道地把这段时间用来讲课赶进度，兴趣小组也就废止了。又过了一段时间，"上面"有规定，课外班要"专时专用"，不允许用来上正课，于是兴趣小组重新"开张"。我当时参加了象棋和地理兴趣小组，玩得很开心，非常感激这个"专时专用"。

现在不少人呢，在工作的时候常惦记着自己私人的事情，在家里的休闲时光却对工作念念不忘，结果总是无法活在当下，总是心不在焉，总是觉得有事情没干。他们没能做到专时专用，就像那些老师一味地赶课，让所谓"要紧"的事情渗透在一天的全部时间里。这些人缺少的是界限。

把一天划分出时间段，其实也就帮你划出了界限。每个时间段彼此隔开，这个时间段的事情就在这个时间段解决，决不拖到下个时间段。这并不是减少了碎片，而是让一天的混乱变得有层次、有秩序，让我们能专注于每个时间段内有限的、能掌控住的碎片，这叫作碎片化专注。这种专注需要清晰的界限。

要想做到这点，你就不能把一个时间段安排得太满，而是要八分饱，这样才能做到轻松地把这一时间段的事情在这一时间段搞定，不然，就会陷入事情没做完导致的各种纠结里了。我的第三个时间段（7:30—9:00）用来休息和调整状态，经常8点半之前就完成该做的事情了，剩下的时间我就随意干点自己想干的，当放松也好，当奖励也好。别总想着把一天的每时每刻都塞满，首先你塞不满，其次塞满了你也做不到，不轻松，没必要。

状态很重要，不同的时间段人的状态不一样，这就需要我们"切换"状态。切换可以用一些仪式性的动作来完成，它标志着上一个时间段结束，新的时间段开始。比如，早上5点半，我的电脑闹钟会响起，提醒我该去做早餐了。我呢，关掉闹钟，合上电脑，走进厨房，这3个动作就是种仪式，及时帮助我摆脱对前一个时间段的恋恋不舍，迅速进入新状态。再比如我每天9点开始写作前，都要泡一杯茶，这也是个仪式，让我享受新开始。仪式其实就是在帮你划清界限。想想看，人们为什么要过新年呢？其实那天和其他日子没什么区别，但就是这"辞旧迎新"的感觉，让人的状态好起来，憧憬并积极地面对未来。

请理解规划时间段并不是一蹴而就的事情，这份时间段清单需要你不断改进。

小 结

核心要点：不要忘记，你的任务是建构属于你的时间段清单，并用它来安排你每天的事情。

1. 明确你要做的事。

2. 把它们分类，放入你规划好的时间段中。

3. 列出每个时间段的动作清单。

早起的鸟儿养成计划

这部分我们将立刻行动，读完后你可以从今晚开始，切实着手改造你的时间段清单。

你的早上都丢了

你见过清晨5点的城市吗

我第一次体会到早起有好处是在读高中时，那时因为我家离学校近，我被嘱托每天早上开教室门，于是被迫早起早到。渐渐地，我和其他几个早到的同学开始利用这段时间打扑克牌，由于早，没人管，教室成了我们的游乐场。我们把老师的作息规律摸清之后就更肆无忌惮了，扑克、象棋啥都有。后来，我们也利用这段时间干些"正事"——互相抄一抄作业。大家都有各自擅长的科目，一分工再一交换，写作业的效率大大提高，晚上在家也能腾出时间玩了。尽管早起仍旧是痛苦的，但并不影响我对它价值的肯定。

尽管人人都认同"早睡早起身体好"的观点，但这理由丝毫不吸引人，因为这是一项超级长期的投资，得有巴菲特的眼光才会在十几二十岁时为了健康早睡早起，大家都觉得自己身体棒着呢，除非有什么事情砸在自己头上才行。

很多人作息规律的终结都是在大学，因为自由了。人一旦获得自由，原本被迫做且没找到理由的那些事情就不做了。作业能不写就不写，书能不读就不读，甚至连课本都不翻了。早起？开玩笑，有什么好处呢！大家都各自标榜自己的睡功，有人自称"睡神"，有人建立了"睡教"，除了极少数想清楚人生方向或者体会到了早起价值的人之外，大学宿舍的清晨都是鼾声一片。

工作之后，玩心未收，又得考虑发展。白天被人使唤来使唤去，累得半死，晚上到家终于自己做主，可不得大玩特玩，根本停不下来，谁会舍得花时间睡觉呢。只不过第二天还得为了不迟到痛苦地爬起，倒是还算有所收敛。早上能不起就不起，量着上班的时间踩点儿是种快乐，也是种功力。你就去看吧，凡是实行弹性工作制的公司，都是到点前到的人最多。

早睡早起身体好，晚睡晚起快乐多。横批：顾此失彼。

我自己的转折发生在2008年，那是我创业的第三年，我一直很拼命地工作，每天开车一百多公里往返于客户公司和家里，很多时候还会住在客户那边，吃饭、喝水、睡觉，没一件事情有规律，身体很快就垮了。2008年下半年，举国欢庆的奥运会在北京举办时，我躺在病床上，整天面对白墙，一个多月的时间只剩下反思与我相伴。

这是段非常难忘的人生体验，很少有人有这样的机会真正停下来思考。这个时代不缺速度，缺停顿，而人们通常只有撞在南墙上才会想起来也许该停下来想想。现在看来，有3个对我有重要影响的决定都是在那段时间做出的：第一，自己摸索并建立一套更为人性和平衡的时间管理方法；第二，报名参加中国科学院心理研究所的研究生班；第三，2009年1月1日开始早睡早起。

记得研究生班开课的那天我还差几天出院，我是穿着医院发的病号服加绿色军大衣，穿着拖鞋去听的课。瞧瞧这改过自新重新做人的决心吧。

Tips

睡不着更要早起：

　　一赶上入睡困难，翻来覆去半天睡不着，很多人自然地想到，第二天早上我得多睡会儿，补补。但恰恰是这个"多睡会儿"，导致第二天晚上又睡不着。所以这个时候应该用早起的方式倒逼自己，让自己第二天晚上早点儿入睡，这样的话很快就会调整到正常的作息规律上。

要质量不要时长

　　现在我晚上9点多睡，早上4点起床，不用再去深究早起的好处了，它基本已经成了我过好一天的基础。生活质量提高了，早餐吃得更丰盛，有足够的时间锻炼身体、洗澡、收拾屋子，上午9点正式开始工作前，我已经做了很多很多的事情。

　　其实仔细算算的话，我也睡了将近7个小时，一天睁眼的时间没比别人多，只是把一天中的所有时间段都向前挪了挪，时间长度没变，但效率和品质就完全不同了。

　　我从不鼓励人们在做出改变时牺牲什么，尤其是睡眠，只有让自己觉得没亏还有得赚的改变才会持久。我知道你也想尝试改变，也希望有不同的生活方式，也曾经尝试过早睡早起。这里面的确有不少纠结的心理要解决，我已经解决得差不多了，接下来分享给你。

碎片化休息

"老师，你那么早起床，白天困不困？"很多人都有类似的疑问。这个问题背后有个根深蒂固的思维陷阱，即"困"是个问题，早起是造成困的原因。

大错特错！困倦感是正常的生理反应，是你的身体在试图告诉你该休息了。困不是问题，困的时候挺着不休息才是问题。

我女儿上幼儿园时，天天午睡，我们在家却没能给她建立起这个习惯。到了该午休的时候，她总是选择玩而不是休息，结果每天下午5点左右，她就蔫儿得厉害，即使出去玩也还是会忍不住睡着。孩子没有远见，不明白"出来混迟早要还的"，大人通常也一个德行。喝咖啡、洗脸、嚼东西、拿火柴棍支着自己的眼皮，用尽各种方法就是不停下来休息，坚持说自己在忙重要的事情。

人和手机一样，都是有电池的，干什么事情都要耗电。和手机不同的是，电量低了，人的效能就会下降，所以得及时充电。大约每隔4小时，人就会迎来一次低潮，这就是该休息的时候了。

早起只会影响"波谷"的位置，而不是它产生的原因。

我一天会小憩两三次，早上8点左右一次，中午12点左右一次，有时下午还会有一次，每次时间都不长——18分钟左右。我会上好闹钟，然后就舒舒服服地睡，睡不着就闭上眼躺着，调整呼吸让自己平静，这样的一次小憩可以保证我接下来的三四个小时有良好的状态。这种碎片化的休息效率极高，三个18分钟的效果远远大于早上多睡三个半小时。我在公司上班时，无论是趴在办公桌上，坐在卫生间里，还是在大堂沙发上或附近咖啡厅里，都可以睡，没什么能阻挡我休息。（这里要考虑到职场人士的情况，比如中午休息20分钟，就能让下午的工作状态好不少。）

其实，每天早上4点刚起床那一刹那，我心里只有一个念头，就是接着睡。大脑会在那短暂的几十秒里欺骗我，说我没睡够。但是，我知道白天已经给自己安排好了几次小睡，就算真的没睡够也有机会补救，所以我很少会起来之后爬回去接着睡。其实，几分钟后，自己就完全清醒了，根本不想回去睡了。

早起倒逼早睡

为什么小憩最好是18分钟，还要上闹钟呢？因为白天是不需要也不应该进入深度睡眠的，超过半小时就睡得比较深了，醒来之后感觉反而不好，还会影响晚上入睡。

　　晚上入睡慢是件很痛苦的事情，和失眠的感觉差不多。之前我一直做IT工作，用脑子多，我自己也是个爱琢磨的人，晚上总得翻来覆去半小时以上才能睡着，脑子就是停不下来。这样一夜下来就感觉自己睡得不好，早上也起不来。我从来没针对这个问题做过任何努力，但自从开始早起之后，这个问题也就消失了。现在我入睡很快，到点就困了。

　　很多学员跟我说，他们觉得早起并不难，但早睡确实很困难。在我看来，他们起得不够早导致晚上到点不够困是一个原因，更主要的还是晚上诱惑太多，控制不住自己，没动力去睡觉。

　　我喜欢看电影，也喜欢玩游戏，要是晚上干起这些事情来，我也停不住。但我还有一个更为重要的需求，就是早起。如果我睡得晚，起得也就晚，接下来一天的规律都会被破坏，那是非常严重的损失。要是硬逼自己4点起，状态也会不好。所以，对于早起的高要求使我产生了对于晚睡的顾虑，担心影响第二天效率，也担心自己的健康。于是我就很自然地到点就睡觉，晚上不安排什么事情，也鼓励我的家人和我一起早睡。实在想娱乐会儿，早上、白天其实有的是碎片时间可用。

　　所以呢，要想早睡先要早起，倒逼才是解决之道。

小结

　　我不想逼迫你早睡早起，虽然这么做的好处不言自明，但你一定会感觉牺牲了什么。如果你暂时不愿意做出这种牺牲，请不要考虑调整作息本身，但可以按照下一节的方法调整作息的稳定性。

赖床是个伪命题

把最想做的事放在早起后

　　一提到早起，不少人会本能地拒绝，这里面包含着不少挫败和痛苦的回忆。"早"这个字本身就传递出压力，让人觉得这是早于正常。其实，"早"的前提是"起"，先要做到想几点起就几点起，之后才能谈"早"，在需要调整作息的时候坚持做到早起。

　　早起一天很容易，谁都能做到，谁也都做到过，但持续早起则完全不同。接下来我会教你怎样做才会不赖床，只有做到不赖床，才能想几点起就几点起。

　　因为我专门开过教人早起的课程，并且有上千个学员参加，所以我才有机会了解到大家与起床这件事情搏斗的过程，同时总结出形形色色的赖床技术，其中很多相信你已经掌握了。我们先一起看看那些赖床的技术，改掉后，再用不赖床的技术替代它们。经我总结，共有以下三类：

多闹钟：这是最常见的赖床技术。有些人会给自己定 N 个闹钟，或者让闹钟间隔着响。闹钟响起，关掉接着睡；再响起，再关掉，再接着睡。如此循环 N 次，直到心里面那个"不得不"的时间到了，才挣扎着爬起。其实这既不是被梦想叫醒，也不是被闹钟叫醒，而是被老板叫醒。依赖这种赖床技术的人通常都是踩着上班的时间起床，闹钟第一次响起的时间甚至是实际起床时间的一个半小时以前。总之，用多闹钟法赖床的人，从来就没打算在第一次闹钟响起时起床。唉，那何必上闹钟呢，直接不受打扰地睡到必须起床时多美？不，有的人说这是为了醒盹儿，有的人说这是为了让自己早点醒以便早点起，有的人说这是为了享受睡回笼觉那种甜美的感觉。我说，赖床就是赖床！夜里耗着不睡，把睡觉看成是浪费时间的人，通常在早上都异常地热爱睡眠。

躺床刷：有不少人醒得蛮早但不下床，醒了之后就立刻拿起手机躺在床上开刷，微博、微信各种刷，有的甚至能刷上一两个小时，口渴着、肚子饿着、尿憋着也无妨，用信息刺激来麻醉自己，避免下床去做更重要的事情。

自然醒：自然醒一族认为，不上闹钟，一觉睡到足才是最幸福、最健康的。尤其是周末，他们甚至可以睡到中午。其实，人根本不需要那么多睡眠，接近起床那段时间的睡眠质量很差，伴随着不停翻身、多梦、各种声音及光线的干扰，根本睡不好。自然醒算得上是最肆无忌惮的赖床。

不赖床的技术是针对上面几种赖床的情况和人们碰到的普遍困难而设计的，我用了大半年的时间把它们总结出来，形成3个步骤：说到、叫醒、做到。下面一一讲解。

说到：确定第二天几点起床

大家有个普遍的倾向，手机上闹钟的时间总是固定不变的，每天循环，这意味着每天都在要求自己在同样的时间起床。但仔细想想，其实我们每天都不太一样，天气不一样，白天做的事情不一样，疲劳程度不一样，晚上睡觉的时间不一样……这么多影响睡眠的因素每天都在变化，却非要求自己在同样的时间起床，显然不太合理。

每天晚上睡觉之前，我们都有必要评估一下自己的现实情况和感受，思考一下第二天几点起床比较合适。要做到想几点起就几点起，得先有靠谱的时间要求，才能靠谱地执行。给自己设定的起床时间不能是凭空下决心，不能是压力巨大，得是自己真心打算的起床时间，这样才会靠谱。

所以，这第一个步骤"说到"，就是要在睡前认真思考确定第二天的起床时间。

叫醒：双闹钟确保下床

在确定了第二天的起床时间之后，我们要做好准备，让自己早上可以顺利地醒来并下床。为此，你需要准备两个闹钟。为了方便说明，我给两个闹钟分别取了英文名字，一个闹钟叫wake，一个闹钟叫up。下面讲解一下这两个闹钟应该怎么设置。

wake闹钟的时间应设定在期望的起床时间的前3分钟，比如，你期望6点起床，那么，wake闹钟的时间就设定在5点57分。它的声音要轻柔，以便温柔地唤醒你，把它摆在你的床边即可。

up闹钟的时间要设定在期望的起床时间，按照前面所说就是6点。它的声音要震撼，震撼到足以吵到你的家人、舍友、邻居（震撼程度取决于居住环境，我的一个学员把自己的iPhone接到了家里音响上做up闹钟），它的作用是迫使你必须离开床，所以，up闹钟一定要摆放在你必须下床才能够到的地方。

把wake闹钟和up闹钟准备好，你就可以安心睡了，想想看第二天早上会发生什么吧。拿我自己来说，凌晨3点57分，wake闹钟温柔响起，我被唤醒了，我的家人却没什么察觉，这时我很困，最希望做的就是立刻闭上眼睛接着睡，但，一个念头在我的脑海中盘旋——3分钟之后，一个"炸弹"会爆炸，我必须去拆除它，保护我的家人。所以，稍微缓了一缓，我就迅速下床，走到我的up闹钟前面，在铃响之前关掉它。

你可能会有疑问，关掉了up闹钟后，我很可能会爬回床上接着睡呀。是的，没错，我们这个步骤只解决醒来和下床的问题，把回不回床上接着睡的问题交给下个步骤来解决。眼下，我们先把前两个步骤做好，把小问题解决掉。

问 听不见闹钟怎么办？

答 提高音量。

问 吵到家人怎么办？

答 wake闹钟要轻柔，尽量避免影响家人；up闹钟能否在响起之前被关掉取决于自己，我们的目的不是吵到家人，而是获得对于吵到家人的担心，是这个担心促使我们下床。

问 为什么两个闹钟间隔3分钟，可以是别的时长吗？

答 3分钟是我摸索的适合自己的时间长度，它的作用是给自己一段缓冲的时间，避免下床太过猛烈，同时，又不会长到让自己又睡着了。所以你可以根据自己的情况调整，但最好不要超过5分钟，不然你很可能又睡着了，那样虽然有up闹钟再次叫醒你，但会影响到其他人。

做到：起得爽快，睡得心安理得

好了，你已经可以百分之百下床了，接下来我们探讨又回床上去睡的问题。当关掉up闹钟之后，我们的任务是要消除生理上的困倦和痛苦感，这些感觉是导致我们回去睡的重要原因，其实它们非常容易消除。

要消除痛苦感，最重要的就是让自己清醒。通常，我起床之后都会做这样一些事情——喝一杯白开水、上厕所、刷牙、洗脸，这些每天都会做的事情正好也是可以促使我们清醒的，就称它们为清醒行为吧。除了以上几个，还有一些可能的清醒行为，包括：看手机、吃一些小甜点、几分钟的身体活动、洗澡……

在关掉up闹钟之后，你就去做一些适合你自己的且提前确定好的清醒行为，也许5分钟就够，目的就是让自己感觉醒过来了，脑子不再昏沉，开始体验到一夜良好睡眠之后精力充沛的感觉。

在前面叫醒的步骤里，你只要下床就算成功了。在清醒的步骤里，你只要做了清醒行为就算成功了。

事实上，即使做了清醒行为，有时候我们仍然会想要回到床上继续睡。这里有两个主要原因：

其一，睡眠不足而导致清醒行为的清醒作用有限；

其二，早起后没有安排好事情做或没有期待的事情，或者是没有好的环境。

无论是哪种原因，我认为，如果你想回到床上接着睡会儿，这时候你都应该心安理得地回去，因为你已经做了清醒行为，很棒。是你的身体需要休息，或者睡觉比你起来做的任何事情都值得。不要拧巴，不要强迫自己，你不需要每天都早起。

如果是因为睡眠不足，那么你应该考虑早点休息，并且应该去学习如何提高睡眠质量；如果是因为没有安排好事情，那么，在接下来的这个晚上你应该提前做好准备。事实上，到目前为止，为了早起所要做的事情几乎都发生在晚上。

能不能早起取决于头天晚上

应用不赖床的技术，我们在晚上睡觉前要做好以下几项工作：

1.确定靠谱的起床时间。

2.根据确定的时间设置好wake闹钟和up闹钟。

3.为清醒行为做准备，让它们更容易发生。一些学员把up闹钟直接放在卫生间，这样关了闹钟立刻刷牙洗脸，还有些学员晚上就把水倒好，摆在up闹钟旁边，关掉闹钟后直接灌进肚子。

4.安排好第二天早起后要做的事情，甚至应该在头脑里提前过一遍要做的事情。

以上就是不赖床技术的诀窍啦，你需要做的就是反复操练！

小结
说到：前一天晚上认真思考靠谱的起床时间。

叫醒：设置并安放好你的两个小伙伴，是它们保证你每天100%起床。

做到：做到清醒行为，而不一定是做到清醒本身。

可以偷回来的时间

早起后可以做任何事情

记得刚开始尝试早起那段时间，我给自己早起后安排的任务是锻炼、读书、吃早餐。我想的是早上先出去跑跑步，然后回来休息的时候读本书，之后再去吃早点，多完美呀。可是……实际情况是根本做不到！早上一睁眼想起大冷天还得出去跑步，立刻就闭上眼睛接着睡了，起都起不来！

现在想想，那段时间早起是很痛苦的，我安排的事情过于"高大上"了。像锻炼、学习之类的事情，通常都是困难的、痛苦的，它们让我早起的压力很大，反而成了我早起的阻力。

转机出现在一个晚上，我正在打游戏，爱人催我睡觉时说："明早再玩呗。"哎？我一想，是呀，早上起来玩会儿也不错，于是就美美地去睡了。第二天起床毫不费力，玩了会儿游戏，挺开心的。这让我如释重负，之前只想着早起要干些有意义的事情，却经常起不来，现在把包袱放下了，想干什么就干什么，感觉挺不错的，而且早起习惯养成得也更好了。看来，我应该把早起本身看成一件事情，早起之后干什么应该以促进早起为原则。

这之后，我就放得更开了，之前晚上耗着不睡时干的那些事情，我都在早上干。看个电影也无妨。起床是件越来越容易的事情，不再像以前那样，感觉自己像是在修行，现在更像是一天好心情的开始，这大概叫"无趣不起早"吧。

不用挤时间就能多出一个小时

早起逐渐不是个问题了，但光觉得有趣不行呀，休闲娱乐似乎也和早起之后的心情不匹配，我开始思考如何让早起更有意义些，有趣又有利的早起将会更完美。

那段时间我开车上班，公司离家有20多公里远。北京的早高峰出奇地堵，早上8点前出家门，最快得一个半小时才能开到公司。不光时间糟蹋了，心情也受影响，开小两个小时的车也很累人，还工作什么呀？！于是我决定，早起后收拾收拾立刻出家门，早出发早到公司。第一天，不到6点就出发，那叫一路畅通呀，爽。结果从出家门到进公司，一共才35分钟。哦，轻轻松松就让我省出了一个小时的时间。

后来上班不开车，改坐地铁了，我也是去赶早上5点多的头班车。北京的地铁之前一直是两块钱随便坐，到高峰时间挤得哟，没两趟车都上不去。好多人都吵吵着利用交通碎片时间学习，挤得都喘不过气来，根本没机会学习，能活着走出车厢已经感觉很幸运了。早坐地铁呢，完全没人，我可以随便挑一个座位，真正把"地铁变书房"了。那段时间我常和别人说，我所看到的北京和别人看到的不一样。

把闹心的工作做完，去闹别人的心

从那时候起，我就养成了早到公司早开工的习惯。记得在某电商公司工作的那段时间，我最熟悉的三位同事都是公司的看门人，估计他们始终无法理解我为什么要去那么早。

早晨到公司后，我会尽快让自己进入工作状态。通常，这段时间状态都不错，我就把一天中最让我揪心且只能由我自己完成的任务安排在这个时间段。5点半出家门6点钟到，吃完早点收拾

收拾也就6点半，一直到9点钟同事才陆续到来。如果这两个半钟头顺利的话，我能把一天的任务都完成，那感觉真是轻松，成就感满满的。

我们工作的时候不是最怕打扰嘛，一被其他人打扰我们就得被迫停止原来的思考，时间就这样被切碎了，效率大大下降。早到公司这段时间根本没人打扰，有大块的时间可以专心工作。不仅如此，这样做还能够化被动为主动，避免接下来的8小时被人打扰。一旦你完成了自己的重要任务，就可以主动"出击"，当同事们被你弄得"鸡犬不宁"时，他们也就无暇来"打扰"你了。

主动出击"打扰"同事有3种方式。

汇报：通常是针对老板或协同工作的同事，主动去把你的工作进度汇报给他们，可以避免他们在你不期望的时候来催促你，同时还能探探他们的口风，看看会不会有新任务，以便提前做好应对措施。主动汇报工作能给对方留下好印象，体现良好的职业素养。如果顺便展示一下自己是早起到公司完成工作的，还会令人刮目相看。

督促：通常是针对协同工作的同事或下属。早上他们刚到公司，擦桌子、刷杯子收拾一番之后，你就可以过去找他们了，询问他们的工作进度，明确截止时间，把压力传递给他们。这样，他们早上就得开始忙活起来，没机会再来骚扰你。

闲聊: 是的, 是闲聊, 这还是蛮重要的, 可以针对任何人。和陆续到公司的同事聊聊天, 这也是增进沟通、培养感情的好方法, 而且可以占用他们的时间, 同样可以避免他们再来骚扰你。

不过, 一切的前提是你能够早到公司早点完成重要任务, 不然使用这些打扰策略将会是搬起石头砸自己的脚。

吃好喝好, 又多了半小时

由于起得早, 早饭吃得早, 所以我中午饿得也会早。到11点, 我就得去吃午饭了, 除了填饱肚子之外, 我还发现了这个时间点去吃午饭的好处。

那时我在一家外企的咨询公司工作, 楼下的自助餐厅正好是11点开放。我11点到, 没有人, 所有的食物都新鲜地陈列在那儿, 任我挑选。无须排队, 快速结账, 然后随便选个舒服的位置坐下就可以开吃了, 吃完溜达回办公室, 才11点40分。

回想之前没有悟出此法时, 中午12点下班, 磨叽到12点一刻才去吃饭, 那时候哪儿哪儿都是人。到食堂吃得排长队等着打饭, 打完饭还得费劲找座位; 到餐馆点菜得等半天, 上菜还得等半天; 从网上点餐吧, 由于大家都在这个时候扎堆, 等送餐到就又要等半天。等待的时候同事们只能互相说些无聊的笑话, 要不就各自对着手机较劲, 算是利用碎片时间了。整个一顿午饭前前后后没有一个小时拿不下来，效率之低，体验之糟，相信不少朋友都深有体会。

其实只要稍微向前错一错，就能省出半小时的时间，而且还避免了"等待"这一碎片时间的出现。吃得美了，午休时间也更充裕了，下午就可以更早地进入状态。美中不足的是一个人吃饭有些寂寞，建议你拉一个认同你理念的小伙伴一起。

午休后，新一轮搅和

午后，人的状态在缓慢回升，这时干不了太多有创意性的事情，我自己通常在这段时间做些琐事，累积点成就感。在公司，与其用这段时间在电脑前发呆耗过，不如站起来主动发起进攻，再给同事加点压。

会议，最适合在午后进行，靠交流来实现你的产出。如果你有影响会议安排的能力，尽量把它安排在午后到下午3点以前。3点过后，你的状态就来了，可以继续工作了。而你的同事们由于自己手头的重要工作还没完成，不仅中午没时间休息，会议中还新增了工作压力，估计他们只能靠加班来解决问题了。

我教你的这些错峰技巧，都是调整一天时间段的安排，以此获得更高的效率、更主动的状态和更高的质量。如果你在一家人浮于事的大公司，那么你自己悄悄地学会这些方法就行了，只把书推荐给你的几个死党；要是你在一个充满活力和进取精神的小团队，那么就把书推荐给所有人，让整个团队的效率倍增。无论如何，对你都会有好处，因为你是一只早起的鸟儿了。

可补充一些其他适合在慵懒午后做的事情，比如机械重复的"体力活"，填填各种繁杂的考核表，跟新来的同事交代一些注意事项等，列个可拓展的清单。

> **小结**
>
> 核心任务：看看一天当中有哪些事情，你可以通过错峰来获得更多的时间或更高的质量。请不要忘记，你仍然要聚焦于你一天的时间段，这部分正在给你提供切实可行的优化方案。

晚间时间争夺战

晚间时间是自主但又缺乏自控的，这部分将帮助你重新认识晚间时间的价值，并掌握引导自己获得这种价值的技巧。

就不加班

到点就走，保护自己的晚间

我在公司工作时，每天都是最早到的，也是最早离开的。如果是弹性工作制，我一定选择向前而不是向后的弹性。如果没有弹性，到晚上下班点我会立刻走人，提前3分钟我就开始收拾准备。一天9个小时甚至10个小时都扔给公司了，要尽可能为自己多争取点时间，千万不要拖泥带水。

一个小学生到睡觉点作业还没写完，他会选择继续写作业晚点睡觉。这是不可取的，通过延长工作时间来完成工作是个非常初级的策略。作为成年人，一个知识性工作者，若还是只会这一种策略，显然是无能的。这本书里关于安排时间、提高效率的方法，其实都是在为你提供不加班的策略，但很多人的确感到"身不由己"，在提高效率方面"江郎才尽"了。

加班要在早上加

以前工作任务一多，在公司完不成就只能拿回家晚上干。晚饭后收拾妥当，准备水，准备小吃，那架势像是脑门上勒紧了白布条要大干一场似的。刚开始并不怎么高效，吃点喝点，看看这儿弄弄那儿，直到夜深了才开始紧张起来，这时候脑子也不大灵光了，一般熬到凌晨两三点钟就熬不住了，草草地把工作收尾，偶尔还会留个尾巴，第二天早上再收拾。这感觉和上小学时假期最后一天晚上没两样，苦不堪言。

人们都倾向于晚上加班，因为在想象中，晚上的时间比较长，一直算到凌晨有8~10小时之久，赶工的心理压力比较小，但实际上晚上的效率极差，原因就是时间太长。尤其是当工作可以在两小时之内完成的时候，在早上有限的时间里做要比在漫漫长夜苦熬高效得多。

自从早起后，我开始尝试在早间工作，如果遇到前一天有任务没完成，就在第二天早上加班完成。这段时间既专注又高效，通常都是两小时之内搞定工作。只要不是非得晚上提交的任务，晚上提交和第二天早上提交没有任何区别。一夜休息得好，也不会影响整天的效率。从那之后，我就再没体验过熬夜工作，我宁可在早上靠时间压力温柔地倒逼自己一下，也不愿再感受无尽的夜、无尽的任务和无尽的痛苦了。

除了应对加班，还有一些方法可以帮我们缓解加班的压力，更好地保护自己的晚间时光。

如果你尚未组建家庭，可以考虑搬到公司附近住，这在交通拥堵的大城市会有明显的作用。工作离家近所赢得的时间可以被用来更好地工作、锻炼或学习和提升自己，避开拥堵，幸福指数也会提升。

现在大部分公司的下班时间都是反人性的，6点半下班其实已经很晚了，更不用说加班了。如果可能，把晚餐在公司解决掉是个好主意，可以及时补充能量，也能避免再额外地消耗时间。

我以前有一位同事，他就在公司吃晚饭，而且下班后还不走，对他而言，回家也没什么事情可做，公司有水有电有网，是欢度晚间的好地方。一下班他就边吃边看电影，到不得不走时再回家。对他的方式稍做优化，也可以成为度过晚间的好方法。因为晚点离开公司可以错开晚高峰，还能给同事留下加班苦干的印象，充分地利用了公司资源。

要把时间和事情安排好，既要给领导同事留下好印象，又要尽量保证自己不要虚度。

最重要的是不要精神加班

每个人的工作和生活都不同，我自己与"看不见的手"的斗争经验也有限，在这里只是抛砖引玉，只为提醒你，不要被你所追求的任何东西全部占据，得给自己划出一块自留地，让工作远离它。自留地是你最值得珍视的幸福时光。

> **小结**
>
> 　　坦率讲，自由职业者的状态很可能导致我站着说话不腰疼，不加班并不容易，很多时候真是被迫，若你觉得如此，也许，先建立早起加班的自信更为重要。

没劲儿又没劲的晚上

晚上是收获成就感的最佳时段

　　哈佛有一个著名的理论：人的差别在于业余时间，而一个人的命运决定于晚上8点到10点之间。每晚抽出两个小时的时间用来阅读、进修、思考或参加有意义的演讲、讨论，你会发现，你的人生正在发生改变，坚持数年之后，成功会向你招手。

　　这又是个找不到出处的励志段子，不过，这也促使我努力回忆过去30多年的晚上都在干些什么。中小学阶段没电脑，除了写作业就是看电视，小时候还打游戏，没有阅读习惯，几乎不记得看过什么书；上了大学，只有考前突击时才去自习室，平时就在宿舍里看电影、玩电脑，交了女朋友还多了逛街轧马路的项目；工作之后，7点到家，8点才踏实了，玩、逛、各种信息刺激……

我的天，这么看来，30多年来8点到10点我就没干过什么正经事呀，怪不得人家上哈佛，我在家修佛呢。这个励志段子还真励了我的志，我真的看见成功向我招手，好像是在说"再见"。

你可能以为我是个不求上进的年轻人，其实每到晚上，我都想学点什么或做点什么有意义的事情。刚打开电脑时我想看的真不是美剧而是公开课，吃饱喝足时我也经常想活动活动锻炼锻炼。我相信你也跟我一样是有点追求，想让自己学习进步的，但是，为什么阅读、进修、思考或参加有意义的演讲、讨论这些事情，晚上做显得那么困难，看电视、上网、玩手机，获取信息刺激或者出去聚会吃喝玩乐却那么轻松？很多学员也反馈自己有类似的问题，我不禁思考，除了做不到的"高大上"和不费劲也会做的"三俗"，有没有适合晚上、容易做到且有意义的事情呢？晚上的大好时光到底应该如何利用？

从进化心理学的视角来思考这个问题，那些古时候的猿人——我们的祖先，他们白天在外一天，打猎、采集、体力消耗殆尽，天黑前回到部落营地休息，晚上就不太有精力再去打猎了；现在的上班族一天在外面工作，精力消耗殆尽，晚上回家，也就不太有意志力去做"高大上"的事情了。所以，晚上可能并不是继续完成任务的最佳时间。

原始人没有手机，他们晚上在一起的信息刺激就是各种流言蜚语、小道消息，这是他们社交生活的一部分；我们则是通过手机上的各种社交工具获得信息刺激，同时，看电视剧其实就是在听、在关心别人的事，满足的是最原始的社交需求。

其实，原始人晚上也干了不少有意义的事情，我觉得值得我们借鉴。

家人是最重要的人

原始人回到营地是享受家庭生活的，一天都很紧张，这个时候终于可以放松下来，与家人分享食物和一天的见闻，有说有笑，这是种幸福。我想，这应该是晚间时光的第一大功能。我们努力拼搏进取，不就是为了自己和家人的幸福生活吗？现在很多夫妻都是上一天班，累得要死，到家就两眼发直盯着各种屏幕，相互之间没半句话讲，这是不是显得有些本末倒置了呢？

家和万事兴，按我奶奶的话说："过日子就是过人。"所以呢，没男女朋友的利用晚上赶紧交朋友，有男女朋友的或已经结婚的晚上好好相处沟通感情，有孩子的好好陪孩子玩，与家人一起的时光应该是最轻松快乐的时光，工作呀、发展呀什么的，都应该让路。

在我的想象中，原始人晚上会用各种神奇的草药沐浴泡脚，有类似祭司之类的人物带着大家祷告，大家还会一起简单地搞个篝火晚会，适度地运动一下。所有的这些活动都承载了晚间的第二个重要功能——放松和促进睡眠。人们在外面奔波劳累一天，努力应付任务发展自己，面临的压力是非常大的。尤其是在商业发达的大城市，到了晚上，本应该让自己慢下来、静下来，但很多人都像神经猫一样"根本停不下来"，不断地搜寻信息，不断地获取刺激，好让自己得到片刻欢愉，避免经历成长的痛苦，长此以往，身心俱疲。

因此，晚间是用来培养自己对于当下觉知的，这需要放松和专注。洗个舒服的热水澡，让身体放松下来；听听舒缓的音乐、读读有营养的书，让思想放松下来；练习练习打坐冥想，让心灵放松下来。一整天都在为未来努力，都在不停地加速，晚间就要好好享受当下，让自己慢下来。各种信息刺激在这个时间段都应该尽量屏蔽，相信我，一天中一定有更合适的时间去刷朋友圈。

为第二天做准备是最重要的事

我猜，原始人每天晚上睡前一定会做这样几件事情：打磨并整理好自己的狩猎采集工具，准备好第二天上路的干粮，并且讨论行进的路线和大家互相配合的方式。通过这些事情他们实现了晚间的第三个功能——安排明天，这样就可以保证在第二天的狩猎中有所斩获。要知道，在那个时代，这些都是性命攸关的事情，没有做好充足的准备很可能面临生命危险，或者是空手而归让家人挨饿。

现如今我们不用再去送命了，也就把为明天做准备这件事给忘了。很多人陷入这样的恶性循环中总是出不来：由于缺少提前的准备和计划，他们的工作效率不高，被迫加班，回家就更晚，到家后累得半死还要娱乐一下，睡觉也睡得更晚，第二天无精打采、毫无准备地去面对新任务。

为此，我专门为晚间的准备工作列了清单。

查第二天的天气。

思考第二天的日程和任务安排。

准备第二天的早餐。

铺好第二天早上锻炼需要的地垫。

晚上不用再去追逐效率，但也不要让自己放纵，在"高大上"与"三俗"之间，还有更为重要的事情值得去做：陪伴家人、放松、为第二天做准备。

> **小结**
> 　　请认真思考你的晚间时间段是否应该彻底换个状态，停止白天的快节奏，停下来体验温情，享受放松，为明天做好准备。

晚上根本停不下来

晚睡强迫症

小李是一名销售主管，工作压力一直很大。每天下班前他都感到非常困倦，恨不得飞回家去睡觉。可每次一到家，他总是先开电脑，或看电影或玩游戏，即使困得眼皮打架，他也是不挺到凌晨一两点不上床。第二天工作时他无精打采，要靠咖啡来提神。最近一段时间，他总是感觉到恶心、胃口差、记忆力严重下降，这才意识到问题的严重性。

这是典型的"晚睡强迫症"，多见于白领一族。其特点是，即使无所事事也不愿提前睡觉，总会不自觉地拖到夜深人静的某个时候才能睡着。"晚睡强迫症"不是疾病，却可能影响正常的工作、学习。从心理学角度讲，这是出于对白天生活的无声抗议。晚睡族往往白天压力较大，晚上需要依靠亢奋来缓解心理疲惫。

上学时学讨《荀子》中的一篇《劝学》，不仅鼓励人们学习，而且给出了方法，基本上一个人学习成长的理论都在里面了。我也想整出一篇《劝睡》来，但苦丁学问有限，只好借助社交网络发布了这样的问题："劝一个人早点睡觉，有什么好说法？"大家踊跃回应，特摘录部分于此。

要有勇气结束今天，新的明天才能开始。

30 岁前人找病，30 岁后病找人。

玩到天亮吧。

医生说话最管用。

早睡早起身体好是常识，不做是因为对晚睡的危害以及早睡的好处认知不足。

我妈教育我，人的作息要跟着太阳，不要跟着月亮。

早点睡觉，皮肤和气色明显会变好。

早睡可以少睡点，省点时间玩。

看大家帖子发得差不多了，我突然意识到自己今天睡得晚，发问题的时候已经晚上9点43分了，这帮回答的人也都还没睡……

我自己坚定地要早睡是在2008年住院以后，从2009年1月1日开始仪式性地早睡早起。生命受到威胁的感觉可能是促使人转变的最强大动力，只是很少有人能有机会在较早的时候体验那种感觉。丧失了体验，任何好处呀坏处呀，都只是大脑接收的理性信息，无法触动改变的那根神经。

所以我想，对于你，可能应该这样来劝了，只留下3个问题供你思考：

你为什么读这本书并且坚持读到现在？

你认为早睡能否帮助你实现上面的理由？

为了做到并坚持做到，你是否打算往下继续读这本书？

2014年我在中央人民广播电台做了一期节目，节目里我试图解释为什么早起是早睡的基础和方法，还是主持人有才，用"倒逼"这个词代替了我一堆啰唆的解释。很多时候，其实事物是在一个循环中互为因果的，人们通常只看到一种因果，而改变的方法却在另一种因果之中。比如晚上睡不着、失眠，人们通常会因缺觉而补觉，其实真正的解决方案却是少睡点，早点起。

如果你读到此处，我就默认你认同了前面的理念和方法，打算早起也打算早睡，那么早起就是你的起点。对于多数人而言，坚守早起更容易，它会为早睡带来生理上的困倦感，还会让人产生晚睡可能会影响健康的担忧，同时，早起本身又能产生立竿见影的好处。

关于早起这个基础，我已经说得够多了，这并不表示早起之后晚上你就能顺理成章地自觉上床，毕竟，还有一堆让你停不下来的习惯正在制造困难，接下来我帮你搞定它们。

停下来从打叉开始

学员小翟来找我的时候一脸痛苦的表情。她喜欢看美剧，每天都看到很晚，但又觉得自己不算美剧迷，因为她从美剧里找不到营养也找不到快乐，每看完一集，都觉得自己做了件糟糕的事情，但又忍不住要接着看。她说她想戒掉这个瘾——刺激的瘾。

我问她打算彻底不看还是偶尔看看，这个问题很重要，因为很多人并没有做好彻底断掉刺激的准备。小翟说彻底不看。她那时的表情让我印象深刻，既有从今晚开始就无法再看美剧的痛楚，也有下定决心要彻底戒掉的决绝。接着我告诉她，她还可以继续看，她吃惊极了，因为从来没有哪个"大夫"开出这样的逆天处方。

我给她布置了如下任务：准备一张月历，摆放在她看美剧的电脑前最明显的位置上，再准备一支笔放旁边。

铜牌标准： 如果她忍不住想看美剧，那就看，但是看完后要在当天的格子里打个叉。

银牌标准：如果她能做到在看美剧之前就打叉，她当天就想看多少看多少。

金牌标准：如果她在看美剧之前就想到打叉，但又觉得自己能忍住不看了，就去干别的她想干的事情，并且可以在日历上给自己打一个大大的钩。

每周把月历发给我看一次。

小翟觉得这也太简单了，她还希望从我这里听到更多关于戒掉她这坏毛病的方法，但是我鼓励她先开始实践。小翟的优点是即使方法很简单，她也做得很认真。她自己打印了月历，准备了红笔和蓝笔分别用来打钩和打叉，并且把这张纸直接贴到了电脑屏幕上，很棒的方法。

第一周小翟得了6个叉，只有第一天忍住没看，她很沮丧，我鼓励她继续，并且提示她其实是有一个红红的钩的，只要再进步一点点就行了。第二周小翟得了两个钩。转到新的一个月，小翟一下做到了一天都没看美剧，她告诉我现在晚上她常和朋友打电话，要不就刷刷微博，自己感觉轻松了很多，好像戒掉美剧也并不那么难。

很多人都喜欢上我的课，因为上完课他们并没有觉得被打了鸡血，下大决心要改变什么，而是感觉自己轻松了很多。我相信，每个人都有内在的成长力量，当一个人打算做出改变时，只需要通过一些简单的方法引导出这股力量。给自己打钩打叉就是最简单的一种方法。

回到你自己，挑挑看，哪些晚上停不下来的事情是你已经打算彻底摆脱掉的，去准备张月历吧。

自找麻烦，获得自控

学员小兰告诉我，她在上课后是这样让自己晚间不碰电脑的，其实很简单：

"老师，因为我的工作偶尔会有紧急的事情需要处理，所以我还是得把笔记本电脑带回家，要不我就直接放公司了。之前我在家一打开电脑就停不住，各种玩各种逛，基本上坐在电脑前就直接到睡觉了。现在我有了一个好办法，每天我回到家里，第一件事情就是搬梯子到我家衣柜前，踩着梯子把电脑包原封不动地塞在衣柜上面，然后把梯子搬回阳台。因为拿电脑变得麻烦了，如果没有紧急任务，我也就不想拿它了，干点别的也不错。"

瞧，很妙的方法，而且做得很彻底。给那些你希望"戒掉"的事情设置障碍，会降低它们对你的诱惑。

我自己晚上玩手机、玩电脑的问题是因为有强大的障碍——

我女儿出生后，自行消失的。稍微大点时，她就需要陪伴了，我不可能一边陪她一边又自己玩，所以，晚上的时间都直接给她了，自然就没空去碰手机、电脑了。

建立睡前程序

提到女儿，在她成长过程中我可是学到了不少东西，光是看育儿类书籍就收获颇丰。记得她不到一岁时，总是很晚才睡，总是各种玩闹，载歌载舞，就是不愿意睡觉。育儿百科说要给孩子建立一套固定的睡前程序，并且坚决地执行。设定好什么时候洗澡、什么时候吃奶、什么时候上床、什么时候讲故事、什么时候关灯，每天按着这么一套执行，她会很快习惯，到点也就睡着了。我们照着执行，果然灵验。

要是没有睡前程序，孩子会用自己的方式把能量耗尽，才会倒头大睡。仔细想想，成人也是一样，只不过耗尽自己的方式很"成人"而已。

后来我就把睡前程序这个思路放进了我的课程，推荐给所有学员。具体来讲就是每天以洗澡为起点，开始自己的睡前程序。

先插一句关于洗澡的问题，晚上舒舒服服地洗个热水澡会促进睡眠，但很多人的洗澡时间是不合适的，不能在睡前才洗，那样会睡不着。按照专家们的推荐，基本上要在睡前1.5～2小时洗澡，这样对两小时后的睡眠最有促进效果。也就是说，睡前程序开始于你期望的睡觉时间的两小时前，比如你期望11点上床睡觉，那么9点就应该去洗澡。

洗澡后，你就要进入没劲儿但充实的晚间时段了，和家人朋友交流、听音乐、读书、冥想打坐、适度锻炼，总之是那些让你放松且不亢奋的事情。要把它们一项一项地列出来，写成清单，然后每天按顺序做。很快你就会习惯，只要早上起得够早，白天适度小憩没有大睡，到点你自然困了，脱衣服，关灯，上床……晚安，明天见。

坦率地讲，晚上11点时，要是我正在打游戏、看电影，我是没机会停下来的。一定是耗到不能再耗才去睡，因为我是凡人。纠结于这种时候如何停下来，如做困兽斗，无济于事。问题的解决之道不在此刻，而在起点。

小结

晚间的一切都是习惯，有好习惯也有坏习惯，你需要双管齐下。坏习惯靠打叉停下来，而好习惯靠程序去执行。

第一章总结

■ 你需要梳理每天的日常事务，
因为它们是构成你每一天的基础。

■ 你需要把自己的一天划分成若干时间段
来安排这些日常事务。

■ 划分时间段的过程是需要持续进行的，
要持续地稳定六大要素。

■ 强烈推荐你通过建立良好的作息规律来优化时间段，
早起可能是一个令你改头换面的起点。

■ 请重新审视晚间时光的意义，
并且通过建立良好的程序来管理自己。

DAILY
TO DO LIST

重要工作产出

第二章

不用专注也能完成80%任务的进阶技能

事情又多又杂而且每天涌向你对不对？
不要想着把事情做完然后彻底放松歇着，那
样的话你就只是个"胃"，你的目标是成为
整套消化系统，嘴忙的时候胃可以歇着，胃
忙的时候嘴可以休假，整套系统永远要良性
运转。在本章中，你将学习这个系统的构造，
并且掌握"碎片清单"和"每日任务清单"
的用法。

帮你告别无所事事的碎片清单

贵人多忘事，只因记心中

碎片化时代的消化不良

"十一"长假结束后不久，女儿突然食欲不佳，夜里翻来覆去睡不着，睡着之后也不踏实，偶尔会大叫大哭，第二天早上脸发白，手脚冰凉，直嚷嚷肚子疼。我赶紧打电话给医生朋友，诊断的结果是积食了。我回想假期里的确是给她吃了不少东西。

这个时代物质极大丰富，我们再也不愁吃不饱了，食物五花八门，其中不乏垃圾食品。每天都暴露在各种食物诱惑下的我们，在这种混杂着垃圾食品的饮食环境中，应尽量避免暴饮暴食，不然消化系统会被摧垮。

物质泛滥并不是这个时代的唯一特征，信息也是极度过剩，每天都如决堤般涌向我们，猛烈冲击着我们本就脆弱的处理系统。其实，大多数人根本就没系统，只是靠经验和能力手脚并用地堵漏洞。

信息、想法、事情都是碎片，我们每天都得面对，躲不掉。它们都是随机出现的，无法预见，唯一能预期的就是它们每天都会到来。各式各样的信息、千头万绪的想法、杂乱无章的事情，我们要从中分辨出有营养的成分并且做到尽量没有遗漏，最后还要将它们消化吸收，这无疑是非常具有挑战性的。这个时代来得太快太猛烈了，显然我们还没有真正做好迎接这种挑战的准备，这就需要我们构筑一个能够良性运转的碎片处理系统，否则就会"积事"。

你是否经常感觉精神不佳？是否经常因为工作和生活的压力翻来覆去睡不着觉？是否感到焦虑甚至有时胃会觉得不舒服？这些大概就是碎片化时代的典型症状吧。我在学生时代这些感觉并不强烈，因为学生的事情虽然多，但不杂；而开始工作尤其是独立生活后，再加上创业，我觉得每天被碎片压得透不过气来。不过，那都是过去了，现在我已经建立起了自己的系统，可以轻松应对与日俱增的碎片，而且我在不断地对它进行优化和简化，目

的就是可以让其他人也能自如地使用它。在本章，我先为你介绍
这套系统三部分中的第一部分：碎片清单。

对于碎片，大脑就像个漏勺

我相信，人类的共同基因决定了人类的大脑并不是靠谱的记
忆工具，尤其是在碎片面前，大脑是极其脆弱的。大脑喜欢有结
构、有条理的东西，不喜欢毫无规律的片段，所以这本书即使写
得很碎片化，但还是为你提供了目录结构；大脑喜欢和自己有关
的东西，不喜欢它不在乎的信息，所以这本书都在谈论你所面对
的问题及解决方案；大脑喜欢自己可以预期的东西，不喜欢随机
蹦出来的意外，所以这本书才循序渐进地引导你先搞清楚我们要
解决什么问题，再给出解决方案。

大脑的这些偏好都跟它记忆系统的结构有关。我们都知道大
脑有很强大的记忆力，没错，但那是它的"长时记忆"，在这之
前，碎片先要挤进"工作记忆"里。我们已经知道，工作记忆的
容量极其有限，只有4个单位而且保存的时间很短，也就一两分
钟，只有那些你有意注意的碎片才有可能幸运地进入长时记忆，
其他的碎片都会被抹去。就算进入了长时记忆，也不表示它安全
了，如果没有好的方式提取它、强化它，它仍然会被长时记忆无
情地驱逐，或是塞在某个不为人知的角落里。因此，我们的大脑
会有很多忘事方式。

不当回事。比如我爱人吧，旅行前，她会列物品清单，按照单子逐一准备；购物前，她也会列个购物清单（虽然到了超市就完全不按清单行事了）；平时出门前，她却从来没用过清单。女人嘛，出门前的准备工作是很繁杂的，挑衣服就耗费了不少气力，还得整理头发，抹这抹那，选个包包，带各种七零八碎。结果真到出了门下楼梯时，又总会突然想起些什么：

哎呀，手表忘戴了，我回去拿，你们先走；

哎呀，手机忘拿了，我去取；

哎呀，公交卡没带，我回去拿；

哎呀，公园年票在你那儿吗？我回去找找。

我曾建议她写个出门最常带物品清单，贴门上，但她没采纳我的建议。出门这事的确不那么重要，甚至不算个事，所以她也就不当事，依旧靠大脑。

为什么总是有人建议我们把梦想写下来，把目标写下来，把好想法写下来，把体验和感受写下来？因为这些东西人们都不当回事！

彻底忘记。有位学员曾说："如果有件事情我忘了，那说明它不是重要的事情呀，忘了也就忘了，何必费劲记它。"这的确是一种很普遍的想法。如果是必须做的事情，因为有外力逼迫，人们的确很少彻底忘记，最终都是会想起来做了的。但还有很多事情并不是必须做的，属于可做可不做型，比如锻炼身体呀、学习呀、给父母打个电话呀……它们不重要吗？

有趣的是，你想想看，当一个人忘记了一件事，他怎么可能知道自己忘记了呢？

提取失败。去超市购物前我都会列购物清单，光靠大脑记的话，到了超市就容易抓瞎。不但很难想起来自己要买什么，还会被各种新鲜商品吸引，最后到家时可能会发现少买了两样该买的，多买了三样没用的。"忘事"最常规的理解就是彻底忘记，但该想起来的时候想不起来，也是"忘"。我们都有过话到嘴边却想不起来的时候吧？都经历过到了晚上才突然想起有件必须做的事情没做吧？有过曾经想了一晚上的好想法，但现在根本不记得是什么了的经历吧？其实它们都在脑子里，只是很可能你再也找不到它们。

压抑。想起来就烦，烦就不愿意去想，不定什么时候还得想起来，直到不得不去想。我都不用具体说是什么事情，你肯定能体会我说的这种感受。碎片多了、杂了，碰到困难了，大脑就吃不消了，闹情绪。它没别的招，就是转移注意力，选择性遗忘。所以，当我们面对工作任务时，尤其是那些困难的知识性工作，就很容易分心，这个时代分心的东西那么多，拿起手机轻易就能耗上一小时。

碎片清单——大脑的缓冲池

我们不能让大脑直接面对每天的信息、事情、想法等各种碎片的侵袭，需要为它建立一道保护屏障。碎片清单就像蓄水池一样，在大脑以外提供了一片缓冲区，碎片来了先全部进入缓冲区，大脑在合适的时候再去处理它们，这样，它就可以发挥更大的作用。

构建碎片处理系统，第一要务就是选择一款合适的工具——建立碎片清单，养成每天把碎片及时装进清单中的习惯。

在碎片清单中，你需要写下3种内容。

信息：你发现的有价值的信息，记下它的标题。

事情：自己想要做的事情以及别人让你做的事情，记下事情的内容。

想法：关于自己想要做什么、改变什么、尝试什么的想法。和事情不同的是，想法通常都不紧急。

无论选择什么工具，一定要能够随身携带，而且一定要便捷，因为这3种碎片随时可能出现，我们需要时刻准备着。手机是这个时代最便携的工具了，随时可以拿出来记录，也随时可以回顾浏览。

当你意识到某个信息对你有价值、某件事情需要你去做、某个想法未来有可能需要你实践时，你就应该立刻把它们写下来。也就是说，在念头产生之后的第一时间把它们记下来，这很重要。碎片都是随机出现并且稍纵即逝的，错过了时机，再想把碎片找回来就非常困难了。

写下来的内容一定要简短，只要确保未来的某个时间你看到自己写的内容时，能想起这个碎片即可，千万不要写得太复杂，越复杂越困难的事情就越难以坚持。在我的碎片清单上，通常只有简短的名词或动宾短语：penelope（这是要给孩子找的一个动画片）、拉分享者进群、搬电视、《个人品牌50》……瞧，通常都不超过6个字，很短，"唰"就写下来。

写的时候只记录最原始的信息和想法即可，不用考虑其他任何事情。不要考虑怎么分类，不用想做不做，不用想怎么做，什么都不想，随意丢进碎片清单里就行。事实上，丢进去的很多事情都是你不需要去做的，请毫无压力、毫无负担地丢进去吧。

接下来帮你总结一下往碎片清单上记录碎片的原则及要点。

what：记录一切未尽事宜，包括要读的信息、要干的事情、要实践的想法。

when：念头产生后立刻记。

where：选择你最便携，用起来最方便、最顺手的工具，本书推荐使用手机应用。

how：无须过多思考，用最简短的词语忠实记录原始信息。

why：大脑不靠谱，会忘、会多想、会焦虑、会不当回事、会否定……我们根本不给它这个机会。

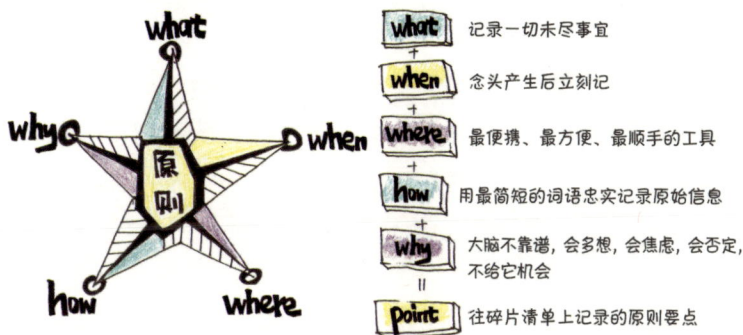

what	记录一切未尽事宜
when	念头产生后立刻记
where	最便携、最方便、最顺手的工具
how	用最简短的词语忠实记录原始信息
why	大脑不靠谱，会多想，会焦虑，会否定，不给它机会
point	往碎片清单上记录的原则要点

随手记出的奇迹

你是不是还有一个更大的疑问——为什么要建立碎片清单？为什么要随手记？这些对你而言将会带来什么好处？

列碎片清单也让我工作压力小了很多，我清楚地知道，所有我要做的事情都在那里，不会落下，我一定会有更合适的时间处理它们。

还有一些奇迹很自然地发生了。我组织了一个全国范围内的线下学习活动——水果捞学习会。目前这个活动已经分享过上百个话题，一百多位分享者曾在这个舞台上把他们的所思、所感、所学、所做变成6分钟的演讲，分享给全国各地的小伙伴……好吧，我想说的是在此之前，水果捞学习会还只是我碎片清单上的6个字——做个线下活动。

与此类似的是，我碎片清单上的"写书"两个字变成了现在你手上的这本书，"走出北京"4个字变成了我在上海、杭州、深圳等城市开课……所有这些我做到了的事情，最开始都只是冒出来的一个想法，而对于这些想法，我善待了它们，并把它们放进了我的清单。

新的工作模式——打太极

在开始应用碎片清单之后，我的工作模式也跟着发生了变化。之前，老板、同事甚至我爱人过来给我丢任务时，我会很烦躁，因为他们严重地扰乱了我当前的工作计划。很多时候他们都还挺急，今天交代的任务就要今天完成。此时，我把自己的大脑直接暴露于碎片的冲击之下。而有了碎片清单之后，我发现自己开始尝试做这样的努力：任何丢给我的任务，我都会询问是否可以明天或以后再完成，并且会尽量争取到这个结果。然后我会告诉交代给我任务的人，"好的，我已经记下来了"，接着我会迅速回到原来的工作状态中。

其实大部分任务都没那么急，只要把事情往后拖一天，我就不用立刻去应对它，而是利用第二天早上的时间搞定。所以我不会被它们打乱工作节奏。这感觉有点像太极拳，你按照自己的节奏打，但总会有东西向你飞过来，这不可避免，你要做的就是像太极高手那样，一个动作迅速处理飞来的碎片，然后，又慢悠悠地回到自己的节奏中去。

这一发现意义重大并且延伸到了许多地方：邮件我不必立刻回，信息我也不必立刻回，电话我可以当时不接，这些干扰对我而言都只是飞过来的碎片，我通过碎片清单减轻了它们对我的冲击，使我可以按照自己的节奏找到更合适的时间处理它们。

当然，上面说的这种状态依赖于随手记的习惯和足够令你自信的碎片清单处理能力。

碎片清单是你的随身大口袋

小王正在参加一个无聊的会议，走不了，也没法看手机、电脑，幸好，他的碎片清单是在自己的本子上，他假模假式地做笔记，其实是在逐项浏览自己的碎片清单，处理上面的事情。

　　小李每天下班晚，坐地铁回家，有座。他希望每天能把第二天的事情提前安排好，然而晚上到家实在太累了，根本没时间做计划。于是，他每天在地铁上拿出手机，打开他的碎片清单，挑出其中的重要事情作为第二天的首要任务。

　　我发现现在一没事干时，我就习惯性打开碎片清单看看，找找以前随手记下的事情，挑能做的就做了。现在知道碎片清单为什么要随身了吧，你得随时把碎片装进这个"大口袋"，一旦有空，就从里面翻宝贝出来。

　　你的"大口袋"虽然容量无限，可以任意地塞进去各种碎片，但你仍然有必要保持里面的简洁，而且要勤处理，不然面对一口袋碎片时也会很焦虑。处理的时候，要给里面的每一个碎片平等的机会，所以一次只从里面掏出一个碎片来看，只把精力聚焦在一件事情上。

　　所谓处理，就是思考这件事情怎么做。

　　买平板电脑。我的碎片清单上之所以有这么一项，是因为我当时看上了一台新的，很想买。但现在当我开始处理它时，我觉得目前没必要买，电脑够多了，买了也是浪费，当时记下纯属一时冲动。于是，我就把它从碎片清单里移除了。

　　学下围棋。这念头出现之后我就没再考虑过，我不确定我为什么把它记下来，也不确定应不应该做，至少眼前不紧急，那么近期我就不再考虑它，于是我就把它在碎片清单里"压箱底"，过段时间再琢磨它。

《**个人品牌50**》。在尝试买这本书的时候，它已经绝版了，我合计着是不是应该这样：首先在朋友圈发信息求这本书，然后拜托有的人快递给我，我复印后装订成书，然后再读。可再想想，这事情自己弄很麻烦，应该可以更省事。后来发现在淘宝上有人卖，其实也是复印的版本，下个单子没两天就送来了，拿起来直接看，省很多事。

动画片拷贝到U盘。看到这件事情的时候正是中午，这段时间我也做不了什么创造性劳动。这事情挺简单的，抓起来立刻就给干了。

与××周二见面。这件事情很明确，必须在周二做，那么我就把它放进周二的日计划里。

商业计划书、新书推广方案、App升级功能设计、水果捞学习会网站设计，这些都是看上去很难很大的事情，接下来我会想想具体能做些什么，想到了就写在碎片清单里。

就这么逐项地处理碎片清单，你只需要问自己几个问题，然后给里面的每个碎片找个归属就行。

可以不做吗? 如果可以就删掉,不用担心太多;如果以后又想做了,它一定会在未来的某个时间再进入你的碎片清单;如果不能删掉或犹豫不决,就留着。

可以以后做吗? 这里的以后可能是指几周、几个月甚至几年,总之不是近期的事情。为了避免近期再让自己费心,你可以把它"压箱底",列到一个单独的"压箱底"清单里。

可以找人帮忙吗? 可能是找具体的人协助,也可以委派给别人做,也可以求助专业人士或专业服务机构。大多数时候,这样做都是更高效的方式。

可以现在做吗? 对于那些相对简单轻松的事情,你可以在处理的时候顺手把它搞定。

有明确的时间点吗? 如果这件事情你很明确地知道它应该哪天做,或者你干脆就是想明天做,那么就列入那天的日计划。

接下来我能做些什么? 有些事情大、抽象、难、无头绪,你可能没法想清楚整件事情,那么就不用想。小处着眼,只看眼前具体能做些什么来推动即可,想到了,就把它写进碎片清单,等待下一个合适的时机再处理。

以上,就是处理碎片时可以尝试问自己的6个问题。

> **小结**
>
> 核心任务：找到你的"大口袋"，养成有想法、有事情出现时，第一时间丢进口袋的习惯。这是你整个碎片处理系统的第一个环节，它将很好地驱动系统运转，并且帮你减少焦虑。

用碎片时间处理碎片清单

新的时间管理"四象限"

一天中你会做很多事情，它们有的给你带来成就感，有的给你带来掌控感，还有一些做了会让你觉得很沮丧，觉得自己管不住自己。

执行计划： 当你在执行自己的计划时，会有一种按部就班的节奏感，在一个个任务被打钩划掉之后，你会有很强的成就感。

随机之事： 紧急情况、即兴发挥等都是随机之事，它们并不在你的计划之列，你也无法计划它们。要么是突发情况，要么是突发奇想，完成了这些事情你同样会很有成就感，但无法从中体会到计划性。

发呆：这里不仅是指做白日梦，还包括看电视剧、打游戏等休闲娱乐活动，此时的你对于别人来说一样是在发呆。发呆时的时光流逝感让你觉得自己浪费了时间，而且影响了计划。但是，正常、健康的人生需要发呆，你值得拥有。

制订计划：就是考虑事情怎么做。制订好计划让你有强烈的掌控感，但无论安排得多么完美，其实你当下一件事情都没有完成，都还只是计划而已。

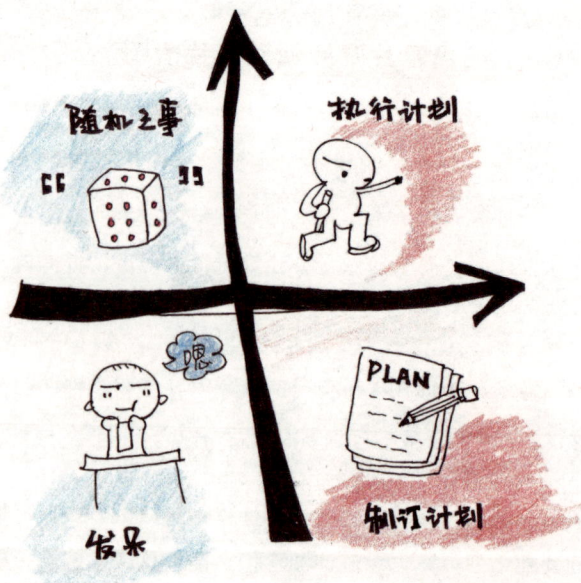

你可能会认为"不是在执行计划，就是在执行计划的路上（制订计划）"是最棒的状态，这的确很厉害，但基于这个四象限的结构来看，缺少任何一部分人生都不完整，每个人的差异只在于他们的偏好以及这种偏好所反映出来的时间配比。如果我的偏好是"执行计划"的话，那么我爱人的偏好一定是"随机之事"，一个对答就能反映这种不同。

我
好了，快到 11 点了，咱们该回去准备午餐了。

爱人
你看孩子玩得多开心呀，11点半再回，实在不行在外边吃。

我
……

用碎片时间制订计划

一说到碎片时间，讨论的焦点就成了等车时间、排队时间、交通时间，之后就开始探讨这段时间应该如何利用。这些时间可能是碎片时间，也可能完全不是。

如果你在阅读第一章时已经为自己划分好了时间段，并为每个时间段列出了清单，那么你就会发现，等车、排队、交通之类的时间完全可能是一个独立的时间段，这个时间段内时间、地点、环境、物品、身心状态等都是很稳定的，如果你为这个时间段安排了事情、列好了清单、做足了准备，这段时间其实就在你的计划之内，也就不是碎片时间。

用之前提到的四象限来说，任何执行计划之外的时间都是碎片时间。反过来说可能会更有建设性——碎片时间可以用来做3种事情：发呆、随机之事和制订计划。

对于发呆，我相信每个人都是专家。如果你喜欢发呆，请你心安理得地尽情享受，但如果你希望自己有所作为，那么你可能需要增加做其他事情的时间。对于随机之事，做多了会让你疲惫。很多人都觉得自己每天像个"救火队员"，到处去解决各种突发问题，不错，这说明你能力强，但也可能说明你正在"瞎忙"。

于是你会发现，四象限中的"制订计划"是其他3个象限的基础，有了靠谱的计划才可能靠谱地执行，才能保证随机之事不会扰乱你的安排，才能让你有更充裕的发呆时间。因此，如果你发现自己有碎片时间，而且你想认真地把它利用起来，那么推荐你去制订计划，而实际上，制订计划就是在处理你的碎片清单。

碎片太多，断舍离一把

起初，你可能无法大规模地按部就班地处理清单中的碎片，而且分配给处理碎片的时间也可能不足。日子久了，你的清单就会积压，积压得多了，当你面对清单时，可能就不那么轻松了。你会发现有那么一些事情，每次你只是扫过去，但根本不想去思考，结果它们就一直待在你的清单里，越囤越久，落了厚厚的灰尘。你也没法对它们视而不见，因为它们就在那里，让人焦虑。处理这些事情，首先你需要做一番"归零"的工作。

首先，忘掉旧的清单，重新建立一个新的碎片清单，把你眼前能想到的关键信息写进去；其次，逐一小心谨慎地查看旧清单中的每一项内容，看看哪些你打算写进新清单里，这个过程其实是在帮你聚焦每一项内容，并迫使自己提出那6个问题。最后你会发现，你已经建立了一张更明晰的新清单，其中大部分已经被你处理掉了。

小结

事情一来就把它丢进碎片清单，然后就可以不用再去想它，这很爽，但这不是目的。我们把事情丢进碎片清单的目的，是要在其他适合的时间再去思考它、处理它，这部分就是在告诉你思考的具体步骤，最终，我们将会形成第三张清单——每日任务清单。

你的计划总完不成，对吧

你还需要一个每日任务清单

掌握了碎片清单的记录和处理方法后，最开始时每个人都会精神舒爽，因为大家终于体会到自己可以掌控自己的感觉了。但不久后就有学员表示困惑："老师，在使用处理碎片清单的6个问题时，只有那些能被删掉的和能立刻就做的事情被移除了。我发现我还是会积压不少任务，它们是绝对不可以被删掉的，而且也都比较困难，不是三下两下就能干完的，这些事情什么时候做呢？我不能总'断舍离'呀！"

我们把学员的这个问题用下图梳理一下。所有碎片清单中的事情可以归纳为不做、以后做、现在做、排期做、找人做以及怎么做6种，其中不做、以后做、现在做这3种，在处理碎片清单时就已经把它们移除出去了；而排期做、找人做、怎么做这3种，无论如何都需要一些后续工作，它们都会在碎片清单里产生新的事情，这些事情

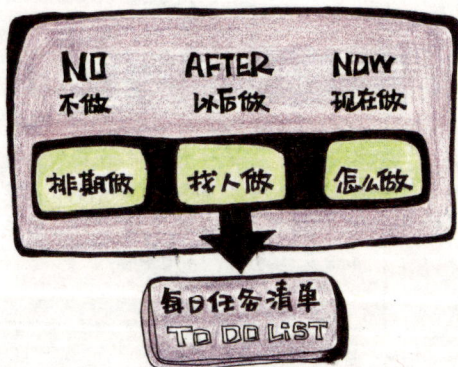

是肯定需要做的，虽然不是现在，但越早完成越好，不然会越积越多。你需要为这样的事情建立清单，即每日任务清单。

你要做的是从碎片清单中挑出需要处理的事情，然后把它们放进每日任务清单中。你可以在前一天晚上安排第二天的任务，也可以在早上安排当天的任务，甚至可以在任意的时间调整和补充任务，这都无所谓。重要的是，你需要不断地把碎片清单中剩余的碎片放进每日任务清单里，用任务清单来引导自己在一天中专注和聚焦，将任务逐一搞定。

现在，四象限中的"执行计划"区域包含了两部分含义：第一个是执行时间段清单，这是你每天相对固定的部分；第二个是执行任务清单，这是你每天最重要的一些事务。

大家最头痛的问题就是列了计划但完不成，这是个普遍现象，道理其实和在餐馆吃饭经常会剩下饭菜一样。

设想这样一个场景，你坐在餐厅里，现在你的任务是点菜——为了简化问题，假设只有你一个人吃饭——你只为自己点菜，然后开吃，点菜的过程和列任务清单的过程类似，而"光盘"代表着任务的全部完成。

眼大肚子小。新手最容易这样，点一大桌子菜，吃了一会儿就发现自己饱了。如果人们的脑袋里充满了理想化的美好，而较少有被现实摧残后的反思，就容易做出不切实际的计划。这些计划其实自己根本执行不了，却不自知，等到一天结束后出来结果时，又会很沮丧。面对一大桌剩菜时人们会反思："嗯，点多了，下次少点点儿。"可面对一大堆没完成的任务时人们却倾向于认为："哎，自己执行力太差了，下次要更努力。"

未尝尽酸甜苦辣。有时，菜量是合适的，但就有那么一道菜，你以前从来没吃过，而且是"难啃的骨头"。为了吃它花费了你很多时间和气力，结果可能是这道菜没吃完，别的菜也没吃净。这样具有挑战性的工作任务其实我们经常碰到，比如老板让你去调研一个新的市场，你以前从来没干过也没接触过那个领域，这时候考验的是你的快速学习能力和相关经验，与你做计划的水平已经没关系了。所以，很多时候计划完不成不是计划本身的问题，也不是你的执行力差，而是你欠缺相关的知识、技能和经验，这些积累得越丰富，你"点菜""光盘"就越靠谱。

荤素搭配不合理。点菜讲究搭配：主食、主菜、小菜、甜点、汤羹。如果一桌子都是大鱼大肉，人是吃不消的。很多时候，我们计划里的任务类型太过单一了，也许都是大块头的硬任务，也许都是繁杂细碎的小任务。老做硬任务我们会头大，意志力会被消耗殆尽，别的什么都不想做了；老做小任务又会忙碌不堪，疲于应付。人是需要调剂的。困难的任务做久了，累了，就抽空搞定两个简单的小任务，增加点成就感，休息休息再去完成重要任务。所以，做计划的时候就要考虑到搭配。

意外的干扰。有时你吃得正开心，一个电话来了，叫你赶紧回家，你只好立刻结账走人。工作时免不了有人打扰，那其实是我们最不喜欢的，尤其是正专注在某个需要沉思的任务里时。学员经常问我："正忙着，老板来了，问这问那，还得交代新任务，怎么办？"我的确能给你些应对的建议，但我实在无法阻止老板或同事的到来，所以我们需要改变能改变的，接受不能改变的。这种情况下，不能过多地抱怨自己的计划或执行，如果期望有所改进，就应该向第一章中我教你的那样，把怕打扰的工作尽量放在干扰少的时间段里。

变化多端。很多人常念叨计划赶不上变化，实际上，计划刚做出来那一刹那，就已经开始各种变化了。环境在变，温度、天气、嘈杂程度、整洁程度都在发生变化，它们都是影响我们做事的因素；我们自己也在变，变累、变困、变饿、变烦，所有这些都会给计划的完成造成困难。人们在制订计划时是无法预计和体验到这些感受的，所以我们才会用理性做计划，但在执行时充满感性。

你不是一个人在吃饭。前面我们在用"点菜"做比喻时，设定的是你一个人去餐馆吃饭的场景，这种情况其实很罕见。我们平时的任务尤其是工作任务，都是需要多人配合的，这就意味着是大家"聚餐",能否"光盘"不仅取决于你的计划和执行力,还严重受到他人战斗力的影响。这里面有很多时候考验你的沟通、谈判能力,以及你在组织中所扮演的角色,只会干活儿的人只能被丢来更多的活儿,不会拒绝的人只能充当任务"垃圾桶",不会管理和激发别人的人只能自己一个人独自面对一大桌饭菜。

完不成计划是计划出了问题

在我的培训课上,每次讲到做日计划也就是列出一天的任务清单时,学员经常一脸愁容地问:"我列过清单,可是总完不成,怎么办?"接下来,他们不是抱怨自己的执行力差,就是暗示:"既然我列了计划也执行不完,那说明列计划对我没用。"天!多可怕的"全或无"思维,死活接受不了"完全不列计划"和"完全执行计划"之间的中间状态。

想想看,一个老板交代给员工任务时目标描述不清、过程完全忽略、资源供给不足、任务与员工技能不匹配,员工硬着头皮干了一天没有完成,老板骂他执行力差时,他冤枉不?我知道你可能碰到过这样的老板,但这不是我要说的重点,关键问题是作为自己的老板,你怎么知道你给自己制定的任务清单是靠谱的呢?显然这不光是个执行力问题。再想想看,若你完全不列计划,毫无参考地抓起什么做什么,会比列出清单对照着去做更好吗？看来也不是清单没用。

问题出在列清单的方法不得当，这是个计划力的问题，这种能力是建立在对自己和任务都有足够充分的了解及足够客观的评估之上的。

任务清单必须包含有效思考

每日任务清单源自碎片清单，它们是碎片清单中那些需要你采取足够行动才能完成的事情，而且完成要尽早。如果你只是简单地把碎片清单上的几个字直接挪到任务清单上，其实你什么也没做，这并不是在做计划，毫无计划力可言。

出现在任务清单上的事情，应当包含有效的思考过程。在接下来的部分，你将学到如何列靠谱的任务清单，并把一个个任务粉碎。

小结

要想切实执行任务清单上的任务，需要在列任务时思考细化，需要你的大脑进行预演。

任务粉碎程序

明明20分钟就能做完，干了一个半小时

别让事情占满你

诺斯古德·帕金森，英国历史学博士，曾在哈佛大学担任教授。1957年，他在马来西亚一个海滨度假时悟出了一个定律，后来他将自己思考的结果发表在伦敦的《经济学人》期刊上，一举成名。

帕金森所著的《帕金森定律》一书中，有个老太太寄明信片的故事。帕金森发现，不同的人在做同一件事时所耗费的时间差别很大：一位老太太要给侄女寄明信片，她用了一个小时找明信片，一个小时选明信片，一个多小时写祝词，找侄女的地址又用了30分钟，决定去寄明信片时是否带雨伞又用去20分钟。做完这一切，老太太劳累不堪。同样的事，一个工作特别忙的人可能花5分钟在上班的途中顺手就做了。帕金森认为，工作会自动占满一个人所有可用的时间。如果一个人给自己安排了充裕的时间去完成一项工作，他就会放慢节奏或者增加其他项目以便用掉所有时间。工作膨胀出来的复杂性会使工作显得很重要，在这种时间弹性很大的环境中，人并不会感到轻松；相反，人会因为工作的拖沓、膨胀而苦闷、劳累，从而精疲力竭。

聊5分钟，省一小时

以下是我与一位学员的对话内容，这位学员在互联网行业从事产品设计，他的工作内容是把产品设计需求转化为界面原型后交付技术开发。他来咨询我的问题是关于如何做计划。

我
请仔细想想，下周一，你最重要的一项任务是什么？

学员
嗯，完成一个界面，我需要改原型并且用文字补充详细的规则给技术人员。

我
那你觉得这项工作需要花多长时间？

学员
一两个小时吧。

我
说个精确的时间。

学员
那就一个半小时吧。

我
请详细介绍一下这个任务你都需要具体做些什么。

学员
好的，这就是一个界面，分三部分——头、中部、尾。头和尾都比较固定，所以很容易改；中间这部分原来只有一种情况，现在有6种情况，我需要分别做6个界面，然后在每个界面上写上规则说明。

我 你说头尾很容易改，那需要几分钟？

学员 （思考）嗯，我觉得也就 5 分钟。

我 中间那 6 个界面是很不同的吗？

学员 大部分是相同的，只是有一些具体的显示不同，虽然是 6 个界面，大部分复制粘贴就行。

我 那需要几分钟？

学员 （更深的思考）我想想看……嗯……我觉得 15 分钟就能做完。

我 真的可以做完吗？

学员 是的，先复制出 6 份，然后分别把每个改改，应该没问题。

我 你刚才提到还需要写规则说明，需要写很多字吗？

学员 不需要，一句话的事，就是写出不同的情况，用"如果……那么……"的句式就行。

我 那需要多久呢？

学员

也就5分钟。

我

那么头尾需要5分钟，中间需要15分钟，文字规则需要5分钟，总共25分钟，也就是说你25分钟就能完成这个任务，是吗？

学员

看样子是的。

我

你现在想想看，你真能25分钟就完成它吗？之前你可是说要一个半小时的。

学员

（思考）我觉得可以，确实就这么多事情要做，也不算太难，就那个规则说明的逻辑稍微复杂些，但现在这么想了一下，6种情况我已经心里有数了，只要这25分钟没人打扰我，我觉得肯定能做完。

我

那你觉得什么时间做比较合适呢？

学员

嗯，我周一的时候早点到公司，先做这件事。

我

这么说我帮你省下了65分钟的时间，呵呵。

学员

哈哈，是的啊……

在我刚开始问那位学员最重要的任务时，他提到要"完成一个界面"，请注意，这是一个任务结果而不是做任务的过程。如果他仅仅在清单上列出"完成××界面"，其实他并没有做任何思考，因为这个结果本来就在他脑子里。

如果我只是在今天的清单上列出"写完《明明20分钟就能做完，干了一个半小时》这篇文章"，那么我也一样是什么都没思考，因为我只是写出了这篇文章的标题，却完全没有想过它的内容梗概，那么等我真面对电脑开始码字时，大脑里将是一片空白。实际上，昨天我在做计划时，已经想好了用我与学员的对话作为文章开头，然后解释一下如何有效思考，之后会介绍 "计划与执行的平衡"的观念，由于它比较抽象，所以我会用旅行的例子来解释，最后总结一下就完成这篇文章了，完成之后奖励自己玩会儿。

所以，有效的计划一定包含了对于任务执行过程的思考。对于文字，这个"过程"可能被称作"大纲"；对于一次会谈，这个"过程"可能被称作"提要"；对于其他工作任务，这个"过程"可能被称作"步骤"。通常，人们都倾向于在执行任务时才被迫思考过程，如此一来，执行时的负担就太重了。

计划是活的

想象一个天平，左边是计划，右边是执行。人们普遍是缺乏计划的，所以重压都在执行这一端，因此才会焦虑，才会拖延，才会耗费时间。

很多人意识到了这个问题，所以开始重视计划，却不得法。给任务添加优先级之类的方式的确让计划这边重了，但它又给执行带来了更多的负担。我们谈的有效思考，其实就是把任务执行时关于过程的思考由执行端放到计划端，从而实现平衡。这并不意味着你需要提前想清楚执行过程中的每个细节，其实你也不可能做到，计划时要思考过程，执行时要边做边思考细节。通过练习你会发现，在计划时你不会被任务细节羁绊而引发焦虑，在执行时由于你对过程心里有数，就可以更加专注于解决具体问题。当你把任务的过程想清楚时，你就可以根据经验靠谱地估计出执行任务所需的时间了。

最后我想告诉你的是，计划的过程仍然是会变的，这很正常，没有关系。还记得我之前说过要用旅行的例子解释"计划和执行的平衡"问题吗？然而我在写的过程中改成用"天平"来比喻了，因为我觉得这样更形象。

时间浪费的等级

我在网上看到有人提问：下课10分钟有时用于散步是浪费时间吗？提问者显然已经意识到了时间的重要性，觉得要珍惜时间。但我不建议你把精力都放在类似这样的问题上，为什么呢？先来看看时间浪费的等级。

氢弹级浪费时间：整个人生努力的大方向错了，徒劳无功。

原子弹级浪费时间：某些重大决策错了，如高考、择业、找对象……

导弹级浪费时间：只是自己低头做事，不会发挥别人的力量。

炮弹级浪费时间：没有好习惯，无法坚持很多有益的事情。

手榴弹级浪费时间：没有计划观念，做事没有条理。

枪支级浪费时间：做事执行力不足，专注力差。

弹弓级浪费时间：几分钟的"不务正业"，或者做事超出了几分钟。

所以课间10分钟散步不算浪费时间哟，不用太纠结。非说是浪费时间的话，最多算弹弓级吧，相比其他种类的浪费时间，也可以忽略不计。

我们更要关注前面的等级，避免十几年甚至几十年的时间浪费。

好了，这篇文章我完成了，我要去奖励自己玩一会儿了。

小结
关注过程而非结果，这是本书的另一个核心思想。思考任务时，想的是完成任务的步骤。

任务优先级，你是机器人吗

现在你已经学会用基于任务执行过程的有效思考来形成任务了，然而当一个个的任务被罗列在清单中，新的问题又来了：在执行时，按照怎样的顺序执行比较好呢？我的答案是：自然最好。以前我常说"看心情"，后来这种说法总被人质疑，认为"看心情"等于放纵，于是我就换了说法。

"优先级"是个计算机概念

试试看，用谷歌或者百度搜索"任务 优先级"，能得到些什么结果……快，立刻开始！

……我知道，你可能看不懂那是什么，碰巧我本科读的是计算机专业，又做过三年程序开发，所以大概知道搜出来的这些是什么东东。无论如何，你看到的检索结果似乎和个人工作、生活的任务管理毫无关系，对吗？而且你能感觉到这和计算机程序关联密切，对吧？

我简单介绍一下计算机程序是怎么一回事。计算机的设计思路就是事先通过一套所谓的算法，编制出一套程序并输入计算机，然后运行，程序就会按部就班地开始执行。此时的程序就算是个任务。计算机很厉害，可以同时处理多个任务，这就涉及要给哪个任务多些优待，于是，就有了任务的优先级，用它来告诉计算机处理器应该为哪个任务多分配些时间，为哪个任务少分配些时间。

20世纪早期的管理学家们把这种思路转移到企业管理上，也蛮奏效的。接着，它又被迁移到个人任务管理中，说什么我们做任务计划时应该给任务设定优先级，优先级高的先做，优先级低的后做，这样效率最高。听起来很有逻辑，是吧，但实际执行起来行不通。

我知道我和其他很多管理书上讲的不一样，要是一样你也没必要买这本书，对不？

为什么说优先级那套不通？因为它反人性，不是人正常的思维方式。

假如同事来找你，想和你一起聊天，要是机器人，可以斩钉截铁地说"不，我现在有重要的工作"；人呢，会笑笑放下手中的工作，伸个懒腰，然后去聊天。老板来了，打算临时分配个任务，要是机器人，会立刻列出今天的任务给老板看，表示今天工作已满，拒绝接受新任务；人呢，会试探能否不做，一旦发现没机会，会立刻拍着胸脯打包票，表示今天一定加班做完。手机信息来了，机器人理也不理；人呢，会立刻拿起手机看一看，即使看信息的优先级低到不能再低也没关系，事实上它根本就不会出现在清单里。

瞧，这才是活生生的人呢，有七情，有六欲，只有机器人才会按照优先级做事情。

我认为，列任务清单时根本不要考虑优先级的问题，执行时也根本不要考虑什么优先级！

你能分清重要与紧急吗

我猜你可能听说过这样一本书——《高效能人士的七个习惯》。如果没有，你是否听说过"四象限法则"——把事情分为重要与紧急两个维度，这样，一个任务就有可能被归类为以下4种：重要且紧急、重要且不紧急、不重要且紧急、不重要且不紧急。这个四象限法则就出自《高效能人士的七个习惯》这本书，这书我也看过，就在我还沉迷于励志书籍的年代，看到这里时我啧啧称赞，作为一个学计算机专业的人，最喜欢这种有逻辑有见地的分类。象限、维度、排列组合、优先级……听到这些词，理工男就觉得兴奋。

可是真到了尝试执行的时候，我去，神马呀，怎么那么费劲！是不是自己太笨，大师的教诲没参透？是不是自己意志力太薄弱，死活不去做那最优先的"重要且紧急"？

来，你也体验一下吧，下图中是我今天需要做的几件事情。

送孩子去幼儿园。

接孩子。

去按摩。

写这篇文章。

到河边跑步。

中午自己做顿饭吃。

找个透明的板子在家里制作一个"小心台阶"的提示牌。

看完电影《百万美元宝贝》。

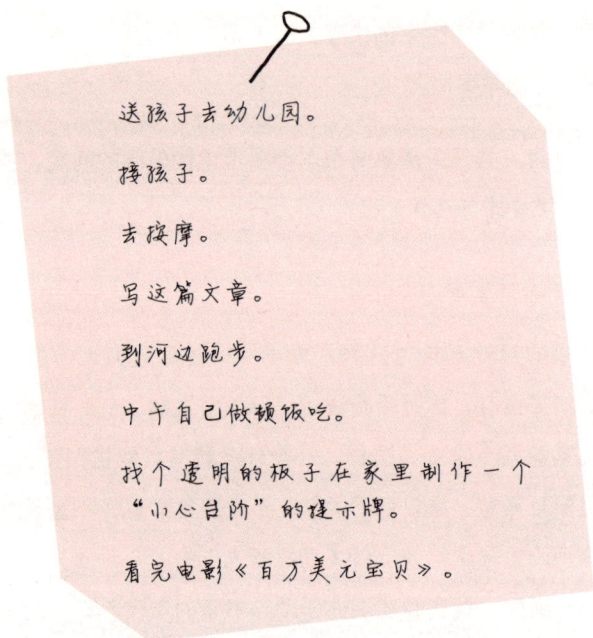

　　尝试着按照你自己的标准，把它们排个重要、紧急程度顺序吧。

　　如果你真的尝试了就不难发现，思考一件事情到底是重要且紧急还是重要不紧急，是不重要紧急还是不重要不紧急，这个过程就会让人难受死，我们甚至根本没法区分出来。4种情况，8件事情，数学没问题的话应该是4的8次方，65536种可能性。四象限法则要求你在其中确定一种。

　　"A、B、C"法也是特常见的一个方案，它抛弃了四象限法则的两个维度的思考，直接把任务分成3类，但对ABC的解释不一样，我选一种摆这里。

A: 这些任务是你今天要做完的，优先级最高。

B: 这些也要很好地完成，但如果你今天没完成，可以改天完成。

C: 这些任务往往没有紧迫感，优先级最低，但有时间时也得完成。

你可以再试试这个方法，把我今天的8件事标出优先级。

你知道吗，还有些人推荐我们继续把A类事情分成A1、A2、A3，B类、C类也这样分，如此一来才方便排顺序。我真心怀疑推荐者自己是否真的坚持这样做！

手机应用的设计者要比时间管理方法的设计者靠谱得多，因为好的手机应用都秉承"简单，符合人们直觉"的设计理念，它们不会搞出"四象限"之类的复杂概念。其中一些优秀的应用都是这样处理所谓"优先级"的：做一个任务时默认没有优先级，如果你需要将一个任务突出，这些应用会提供"星标"或"红线"之类的功能让你标示，仅此而已。

手机应用的处理方式是一种二分法，区分了两类事情，比"四象限""A、B、C"之类的方法向前进了一步，而且摆脱了

"优先级"这个概念。其实，这些处理方式已经不再是"优先"的意味了，更多的是让自己清晰明了重点的任务在哪里。

所以，这是我认为值得推荐的，甚至于可以比二分法再往前进一步。我们不需要关注两类不同的任务，只需要关注那类所谓的"重点"任务，它们是一些难啃的骨头。比如写这篇文章对我来讲就是最需要花费气力的事情，我只要在今天明晰这是我的重点就足够了，我会尽量争取精华时间把它搞定。

用"四象限""A、B、C"之类的方法为我的8个任务分类，真是难为你了。其实这还没有要求你按照排定的顺序去真的执行，那才叫拧巴呢，挫败感和半途而废就是这么来的。

当我写这篇文章时，想起看了一半的电影，忍不住想要看几眼。如果我的脑子里有那些"要事优先"的原则束缚着，此时我就会很难受——不看，难受；看了，也难受。觉得自己做了错事，觉得败给了自己的懒惰。但要是没有这个束缚，看了，我高兴，当作给自己写作过程中的小奖励；没看，我也挺高兴，我可以继续高效地写作，写完再看就是给自己的大奖励。当我开心而不拧巴时，我就更有可能管住自己，即使看了也能及时停止，回到写作中。

我相信每个人都有最自然的自律力量，这个力量的成长需要愉悦的心情，不要自我折磨，要放松，不要拧巴。

不必纠结，相信自己就好

嗯，不拧巴，那执行的时候究竟应该按什么顺序来完成任务呢？

电脑是用某种"算法"来解决这个规则问题的，我们也有我们的算法。我之前说人脑"毛病"多，但其实，人脑在考虑做什么的时候比电脑厉害得多，因为人脑可以处理更为复杂的信息，从而进行决策，比如时间、地点、周围的环境、自己的状态、旁边的人、桌面上的物品等，都是我们决策时的依据。

我来说说今天我写这篇文章时的过程吧。早上8点多，我送孩子去幼儿园回来，心里有些忐忑，不知道第一天上幼儿园的她会是怎样的状态。爱人在家工作，我在沙发上安静地坐着。和爱人聊了会儿天后，我就准备坐在写字台前创作。刚坐下，看到桌面上摆着一小盒点心，盒子是透明的玻璃，里面的点心看起来很诱人，于是，我打开吃了一块，随即意识到如果它还摆在桌面上，我会忍不住去吃，因此我起身把点心盒放到了柜子里。回到写字台前，我考虑是否和昨天一样打开电影，写一段就看一会儿，后来还是忍住了，我猜是因为我爱人在旁边我才忍住的。接下来的一个多小时，我暂停了几次，活动活动，放松放松，喝点水，都很自然。爱人休息了半小时，这半小时我最想看电影，但是一想，爱人要是出门了估计我就放羊了，我得趁她在家的时候写完，而且她还能帮我看看，给点意见。于是，我的整个写作过程没太受自己的小冲动干扰，顺利地写到了这里。

哦，对了，今天刚开始写的时候，我突然意识到原本应该去河边跑步的。今天空气质量还行，而且早上8点多也是我最近跑步的时间，正当我纠结是否应换衣服出去先跑步再回来写作时，我爱人说："你下午还得按摩治疗，相当于被动锻炼，上午就可以不锻炼了，踏实写吧。"我一下就不拧巴了（瞧，多有效的"拖后腿"力量），开始写起来。

你看，电脑根本不可能执行这么复杂的算法。这就是我的自然算法，一部分来自我的自律力量，但更多的是因为我会借助外部环境，我会"利用"我爱人，我会把好吃的挪出视线，我会听取他人的建议排除纠结。于是，我没有把这件事情归为A类、重要且紧急类，也没有把任务加粗、标红，更没有痛下决心，励志今天不写完这篇文章就不睡觉之类，我很自然地做到了"要事优先"。

小结

之前我们谈的是具体思考每一个任务，这部分我们谈的是每日任务清单上任务与任务之间的关系。谈来谈去，最终要凭借的是你最自然的感觉，而非道理、原则、优先级的排布。计划时如此，执行时也是如此。

碎片化专注

金庸武侠小说《天龙八部》里的段誉，喜欢茶花，精通围棋，钻研易理，对任何东西只要是迷上了，就能痴痴地迷很久，因此爹娘把他的小名取为"痴儿"。段誉专注的是自己喜欢的事情，但是对于自己反感的武功，他是没半点心思去学的，要不是为了"神仙姐姐"，他才不会运用各种策略让自己专注于武功上呢。这时，专注不是目的，是手段。

这篇文章帮你解决执行时的专注问题。诚然，当一个人喜欢做某件事就会很容易专注，但是当我们咨询别人如何提高专注力时，我们问的并不是喜欢的事情，而是那些苦活儿。我们没段誉那么幸运，有条件自由地发展爱好，每天我们在工作和生活中面对的都是些苦活儿。所以，接下来我们谈苦活儿，谈如何运用一些专注的策略来完成苦活儿，我们绝对不谈"你要喜欢你的工作"！

苦活儿里，有一部分是不需要我们耗费专注力的。打通电话、做个家务、买点东西，这些事情没那么困难，我们也做过很多遍，而且过程和结果都很确定。只有那些具有创造性的工作，才会让我们意识到自己是不是专注的，工作报告、PPT、方案、标书、合同、设计、代码……每个都需要你大量地思考，把原本很模糊的东西变成最终的一个个字符，这时候专注的问题就来了。就在写上面这段文字时，我就已经起立两次，吃了一个苹果，喝了一杯水。

Tips

总刷微信怎么办：

　　微信是有免打扰功能的，你可以关掉消息提醒，也可以把手机上的微信图标隐藏起来。这些方式可以降低你使用微信的频率，但不能从根本上解决问题。

　　对于这种消除类的习惯，仅仅通过提高其发生的门槛是不够的，我们需要找到一件正向的事情。刷微信也是一样的，需要找到一件事情来代替它。

有效思考要把想法变成动作

　　虽然我们谈的是执行时的专注问题，但专注并不完全是靠执行时的策略实现的，有一大部分是在计划阶段就奠定了基础。做任务计划时，对任务过程的有效思考对于促进专注非常重要。这有点像游戏，人玩游戏是很容易投入的，为什么？有目标，有规则，还有即时的正反馈。比如愤怒的小鸟，目标是把猪头都撞下去，规则是用小鸟自己的身体弹射，每次弹出去你都能立刻看到结果，这些都促使你在确定的游戏框架内乐此不疲。任务虽然不是游戏，但相对确定的目标和过程依然是投入的重要保证。

　　铺垫得差不多了，我们可以一起专注于执行时的专注问题了。到底怎么才算是专注呢？是坐在电脑前面一动不动吗？我在公司里见过不少这样的家伙，一上午屁股都不抬一下，但他们往往是工作效率最低的，谁知道他们坐在那儿时脑子里在想些什么呢？我们现在面对的都是知识性工作了，和我写文章类似，如果只是单纯地录入几千字，那么按每分钟敲100字算，也就几十分钟的事，但这类工作的重点不在"录入"这种体力活儿上，而是在于整体与局部的构思，完全是在大脑中进行的。所以，专注应该是指大脑中的思考过程没有被割断。

消除工作环境中的刺激碎片

抱歉，我刚才又起立了，去接电话。其实我已经把手机放在远处的桌子上了，但要检讨的是手机没有调成静音。刚才那通电话让我的大脑中断了思考，回过神来需要好一会儿，不过现在我已经进入状态了，可以揪出使我们分心的罪魁祸首——环境刺激。一聊专注问题，很多人就会聊起古人如何心无杂念地做学问，然后自惭形秽一番，好像"进化论"应该改成"退化论"似的。那是时代变了，古人哪有手机，哪来那么多刺激。现在我写文章的屋子里有好多好吃的，有水可以喝，有沙发可以坐，有床可以躺，有电视可以看，电脑和手机里的各种软件应用都憋着一股劲儿争相吸引我的眼球。我自己已经在这样的环境下浸泡数年之久，早就被训练得注意力涣散了，这是多么艰苦的创作环境呀，把曹雪芹扔到现代，估计就没有《红楼梦》问世了。

这些都是环境中的刺激碎片，它们刺激着我们的感官，让我们的心放不下。若你想专注，就得把这些碎片一一揪出来，干掉。手机要放远，来电要调成静音模式；电脑不要开，否则就把可能让你遭到骚扰的软件，无关的图标尽量都藏起来；零食不要放在眼前；办公桌要整齐。总之，要眼里静、耳里清、心里宁。

用纸笔思考

再告诉你一个重要技巧，我自己构思这篇文章的时候，根本不是对着电脑，而是用纸笔。我面对的是一个可以让我任意发挥却不会给我任何额外刺激的工具，这是最适合思考的工具！我先把我关于这篇文章想到的一些点随意地写出来，再把其中发现的条理串联起来，最后列出这篇文章的提纲。来看看我本子上的提纲吧（如下图所示）。

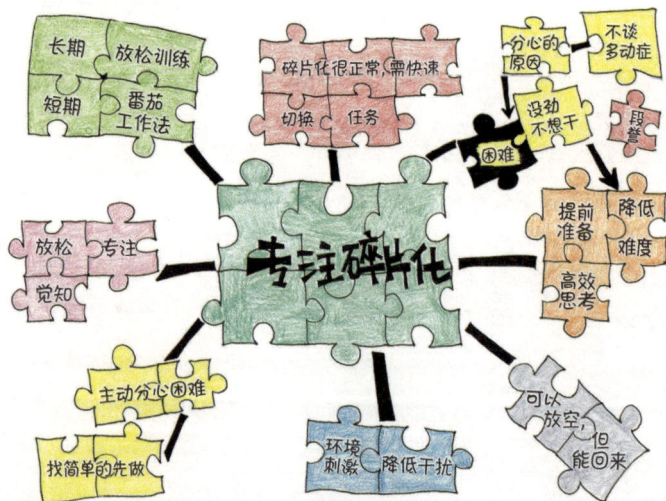

大部分时候都是我们主动分心

其实，环境中的碎片刺激是很好消除的，也很容易奏效，有时一个动作就够，比如手机扣着放和正着放就很不同。还有一个让我们注意力涣散的因素，我称之为"思维阻力"，也就是在我们做知识性工作时思考过程中遇到的困难，它是不可避免的。人碰到困难就会焦虑，知难而上那是大道理，人本能上都是倾向于逃避困难的，并且会自动地以最低成本且不自责的方式——想点别的来缓解焦虑。

我正在写这篇文章，哎呀，不知道该怎么写好了，遇到困难了……嗯，中午吃点什么呢？……

一旦我选择跟着思维跑，开始去琢磨中午吃什么的问题时，我的专注状态就被中断了。想要应对这种思维阻力造成的注意力涣散，就需要我说的碎片化专注，其中有两个关键词——"两个自己""放空"。

要想让自己专注，首先得意识到自己走神了，这就好像有两个自己，一个是在执行任务，而另一个是在扮演监督者，监督自己的任务执行情况。调节执行者的状态，最重要的是监督者要能发现执行者走神了，而且越快发现越好。我要是真的已经开始去准备午餐，那就肯定不会回来接着写了。

一旦意识到自己要走神，你应当立刻跳出当前的状态去干点别的，这就是我所说的放空，也是我在写这篇文章的过程中多次起立做其他事情的原因。

当碰到困难时，如果你能激流勇进控制自己保持专注，那自然最好，我也不需要帮助你什么，但专注力这东西是种有限的资源，你无法一直用它来逼迫自己专注。常在河边走，总会有无力对付困难的时候，这时强迫是没用的，自责更会消耗你的能量，放空是最好的选择。说是去干点别的，可并非什么事情都适合做。既然走神了，第一步是要停止走神，这时做一些不太需要投入思考的事情比较适合。我自己会起来溜达溜达，吃点东西，喝杯水，干一些简单的活儿（比如收拾桌子、擦地），其间我的大脑处于放空状态，并且我的监督者在一点点地把我拉回到刚才的问题上，重新聚焦于对于困难的思考。慢慢地，解决方案浮现出来，文字在我脑袋里一点点形成，一旦我觉得可以了，就又坐回到电脑前开始敲字，直到下次走神。

在写文章的过程中，我想过午饭吃什么，想过孩子在幼儿园好不好，想过看看淘宝上我买的东西发没发货，想过看部电影、玩会儿游戏，想过看看手机微信，想过查查邮件，想过浴室里的一个架子掉了得怎么安装……注意，这都是我走神时想的，但我没去做。这些事情都是会占用我认知资源的，做这些事情的时候我不可能再去想文章应该怎么写，我也不是放空的状态，而是彻底中断了。还记得靠碎片清单和它们"打太极"吗？想到了什么重要的事情就立刻丢进碎片清单里，然后回来继续专注工作。

所以碎片化专注应该是这样子的：专注、放空，专注、放空，专注、放空……人总是会累的，最后会累到连放空也不想，更别提继续专注了，这时候就需要休息。

熟悉番茄工作法的朋友一定已经看出一些端倪了。番茄工作法讲的是用25分钟的时间专心做事，不干别的，然后用5分钟休息，之后再用25分钟工作，再休息5分钟，如此循环4次后休息半小时。番茄工作法是很有效的，但流于形式，规则太机械了，按我的话说就是有些"反人性"，不应该用"时间"长度来框死专注和放松的时间。如果我写了25分钟正写得带劲儿呢，番茄钟吵我一下，硬要我起来休息，那将是多大的灾难呀！

不过，毕竟在大脑里培养起一个合格的监督者并不容易，不是所有人都能及时地意识到自己走神了，并且有能力放空自己不跑偏，还能把自己拉回来重新专注的。所以，番茄工作法可以被看作给了一种最基础的训练自己的方式，用来训练自己的自我把控意识，但你千万不要依赖它。培养意识是目的，番茄工作法充其量只是一种最开始起步的手段而已。

如果番茄工作法是一种很基础的训练专注的手段，那么有没有更好的方式呢？这个答案是我在最近一年才得到的，那就是禅修或冥想。我身边的一些朋友推荐我去尝试，我自己修行不够，还没什么进境，但理论上我已经接受了这个方式。禅修或冥想在练习时都会强调一个"观察者"的角色，对自己思维中流淌的想法不控制、不评判，通过呼吸等方式引导自己的注意力集中于一点。它的原理和我说的专注、放空的循环很接近，由于个人在这方面资质很浅，就不展开去介绍它们了，感兴趣的读者可以找专门的课程或书籍去学习。

好了，方法给出了，任重道远，我实在不想老生常谈，但我也实在没办法帮你跳过练习的过程，让你现在立刻就掌握碎片化专注的技巧。唯有正确的练习，才能修成正确的果。加油！

告别专注，学会在不同任务中切换

前面确实写了结语，但那个结语所结束的是上一个时代，一个人们渴望大块时间、渴望专注、渴望事情单一明确的时代。我们正在迎来新的时代，知识性工作者的"切换力"更为重要。我相信，现在已无须专注于某一件事情数小时，这个过程中如果大脑突然想去完成别的任务，请你立刻切换过去把它搞定。做事有效的大脑是切换和执行都更为迅捷的大脑。

小结

专注仍然是成就很多事情的基础，但不该成为我们拧巴的原因。我们的大脑也许天生就是碎片化的，不断开小差、不断冒点子的，而我们又恰巧处在这个碎片化的时代，与其谈论如何在这个时代拧巴着专注，不如想想如何让自己的思考更为碎片化。

用计时器提高效率

很多人花了不少精力和金钱，寻找提高效率的法宝，结果却不了了之，他们哪怕找到方法也不去实践，因为惧怕和拒绝改变。其实不需要做出多大改变，只需要在做事前记录并开启计时器，就能大幅度提高效率。这里介绍一个比较好用的计时工具："自律帮"。

看看计时器长什么样

点击App主界面下方正中蓝色的圆形按钮，打开"随手记"页面。在上方的编辑区，输入你接下来要做的事情，然后点击绿色的三角，就会进入计时器页面并开始计时。当你完成了这件事，点计时器时间下方的打钩按钮，停止计时。

你仔细看，我们所说的计时器实际上同时存在两种计时器。当你使用"随手记"时，计时器页面默认的是绿色背景，中间是时间，外面还有个圆环。

中间不断增加的数字是正计时器，让你直观看到时间的流逝，外面的圆环是倒计时器，帮助你获得临近截止点的紧迫感。它们都是在提升你的专注力的。

正计时器展示了你做事已经花费了多少时间，把时间视觉化，强化它正在流走的感觉。而且，计时器页面会阻止手机自动锁屏，你做事时，随时可以瞄它。

环形的倒计时器其实是个圆形进度条，默认是25分钟倒计时，也就是假设你的一个行动会在25分钟之内完成。有这么个截止时间，能让你感觉时间快没了，紧迫感会加强，也就会更专注。

在App计时器的下方有一大片空白的区域，里面提示记下任务步骤和辅助信息，这是干吗用的呢？为了让倒计时更靠谱，你需要尽量准确预测自己做这件事要花的时间，这就需要事先思考，把这件事拆解成执行步骤，把它们写在空白区域。做事的时候就可以看着执行。

接下来你需要大量刻意练习的，就是这个简单的动作，做事前开始计时，完成后结束计时，让计时器成为陪伴你做每件事最重要的工具。这是你在执行时获得专注和效率最基本的时间管理方法。熟悉它，熟练它，习惯它。

理论上，你应该记所有的事情，但这需要一个循序渐进的过程。最开始，你可以优先记需要专心、需要提高效率、需要减少拖延、需要坚持的事情。吃喝拉撒睡、打游戏看剧之类的可以往后放一放。记下的事情越具体、越细致越好，"活着""工作"之类，就没有"收拾一周衣服""调试程序"具体且有意义。

计时器的巨大作用

有了App，开启计时器、完成事情、记录时间以便日后统计和反思，都变得非常方便。计时这个小动作，可以把你的精力引导到正在做的事情上，使你更加专注高效，避免了做了一堆计划，最后执行时拖拖拉拉的情况，这是时间管理的根本。

计时状态意味着，你在有目的、有意识地专心做一件事，时间是受自己控制的。很多时候刷手机无法自拔，就是因为这时大脑是凭刺激来做事的，时间不受控。持续使用计时器，可以训练你对时间的觉察，更多去从事有目的的行为，减少各种成瘾的可能。

你在实践的过程中，可以体会到计时器的以下作用：

第一，帮你启动一件事。有的时候你该做一件事了，大脑总是反复思来想去，没什么实际意义，其实就是在拖延。当你启动了计时器，也就进入了行动状态，大脑就开始聚焦于具体问题，不再胡思乱想了。

第二，获得监督感。自己做事，没人盯着，很容易分心和拖沓，一晃几个小时过去，发现自己没干什么。计时的事情会出现在社区中，也就意味着大家都能看得到你的努力，做得好，做得差，一目了然，这会促进你在开始行动后更加专注。

第三，训练出界限感。很多时候，我们做事拖拖拉拉，弄东弄西，总也完不成；或者一发呆、一刷手机就好几个小时。通过开始计时和完成计时这两个动作，就能清晰地划分做事和发呆两种状态，练得熟了，你就会有更多时间更专注地去做事。

第四，真正开始管理自己。别人还在傻傻地听课、看书，却不实践，到处找方法找工具。而你在第一天就已经开始实践了，是真正的行动派、用工具管理自己的人。彻底摆脱了"知道，但做不到"，这个意义是巨大的。

开启计时器，带来仪式感

时间管理也需要仪式感，有时候仅仅是简单的一个动作就可以。开始做事前，启动App上的计时器，这就是个仪式，投入虽小，收益巨大，能让你更专注、更高效。不少人轻视仪式，认为这是表面形式。但仪式感和仪式不同，我们的生活、我们做事是很需要仪式感的，它可以帮助我们快速进入理想的状态。

开启计时器这个动作告诉大脑，我们要开始专心了，我们要紧张起来了，我们把效率提起来，我们应该屏蔽打扰，我们要在截止时间内完成任务。重复次数越多，大脑的反馈越好。关闭计时器这个动作，告诉我们，完成了一件事情，取得了一个小成就，我们值得为自己庆祝一把。完成时清脆的提示音，也会给自己带来成就感和安宁。

计时中会有的纠结

实践"随手记"计时后，你可能会有两种纠结。

一是不够重视。有些人说，总忘了记、懒得记、不习惯，这就是典型的不重视。我平均每天受控的时间超过6小时，复制我的技能，习惯使用计时器是你必须做到的。还有人说太忙了，一个人忙到没时间管理时间，听着就像个笑话，一天24小时都是你自己的，忙的那部分更应该管理起来。如果是不重视，那我就帮不了你了，你合上书出门左拐吧。

一是太过于重视，想得到一份完美的时间日志。这样的人在使用计时器时抓不住提高效率这一个根本目的：做完忘了记，就老想着怎么补；计时被打断，就老想着要暂停功能。牢记目的，我们要通过计时得到专注、高效、监督、仪式感。时间日志是副产品。你不可能记下每天的每一分钟，也没有必要。知道时间都去哪儿了，不提高效率，该去哪儿它们还去哪儿。所以很多人看上去很努力，好像是改变自己，坚持很多事情，但实际上他们是在兜圈子。

如果你经常忘记开始计时、关闭计时或者老超时，你唯一应该思考的就是下次怎么不忘记，怎么做到准时，而不是探讨忘了之后怎么补计时。就好像一个人出门前没安排好，出门后憋不住尿了裤子，唯一应该反思的是出门前安排好时间上个厕所，而不是得到"以后出门要带尿不湿"的结论。更不是说一句"我忘了"，就把事情扔在那里不解决。鼓励大家去探索、尝试，方法总会比问题多。老盯着问题至多让你成为一个评论家，但不会成为一个真正的行动者。

Tips

　　人们总是想得到一份完美的时间记录，但完美的时间记录并不等于高效的执行。就好像详尽记录了花销并不等于赚钱多，精准的饮食记录也不等于减肥有成效。记录的意义，在于通过记录唤醒对所做事情的重视。记录花销，避免没必要的消费；记录饮食，避免过量的摄入；记录时间，提高自己做事的专注力和效率。

　　所以计时器的真正作用，是获得时间的流失感和等不起的紧张感。如果你的工作经常会被打扰，你应该思考如何避免或减少打扰，或者在做计划的时候就为可能的干扰留出时间余量。这两种思考，都比暂停计时以求完美记录对提高做事效率有意义得多。

能发挥出提高效率的作用是关键，如果不能，仅仅是为了时间记录，那就没啥好纠结的。有人说看电影、听课、被拎去开会，都可能超出一小时。这类事情开计时器并不会影响效率，只能得到一份时间记录。

有些和别人互动的事情，并不需要计时器唤起专注，因为不是自己沉浸在书桌前思考和行动。它们有可能超过一小时，比如看场电影、聊个天，可能一下午就过去了。它们也不存在准时这回事，即使准时也不是你努力的结果。

养成新习惯，开启新生活

还有小伙伴说，老师呀，要做一件事还得开个计时器，这不自然也不顺手。你仔细想想，不自然不顺手但很有意义的事情多了，你都在做，它们具有加强仪式感和达到目的基础作用。比如吃饭，最顺手的就是拿手抓，干吗还得学用筷子。比如呼吸，平时呼吸很自然，但你要是学游泳，就必须学会水里换气这种不顺口的方式。

你想学会时间管理，提高自己的效率，最基本的就是做每一件事情的时候保持专注高效。否则该拖拉还拖拉，该分心还分心，那列清单、排顺序，不就是骗自己吗？所以做事前开启计时器，结束后关闭计时器，这是仪式，也是时间管理的基础技能，不习惯，就得强迫自己去习惯它。

把自己捞清楚

在前面，我们已经掌握了3个清单：时间段清单、碎片清单、每日任务清单。它们都在帮我们与碎片战斗，在每个小战场取得主动权。这部分开始，我们需要跳到更高的高度去寻求方法，在战略层面取得更深远的胜利。

小红花，大力量

不断认识自己

从这部分开始，我们将一起过渡到新的层次。如果说前面的内容更多是传授武功招式的话，接下来我们将侧重于心法口诀；如果前面是帮你建立业务层的话，后面则帮你建立管理层；如果前面是为了让你知道的话，后面则是为了让你做到；如果前面是促使你开始，后面则是支持你坚持。

所有这些都要开始于认识自己。可能你觉得很了解自己，所以仅凭关于自己行为的记忆在这个碎片时代过活，很少去运用什么方法。但是，如果你开始尝试仔细观察自己，结果会令你非常吃惊。

有一款软件叫作"RescueTime"，它可以免费下载并安装到你的电脑或手机上，作用是如实记录你在不同软件上的使用时间，并分门别类地帮你统计。我把它推荐给很多学员，你也可以试试看。只记录一天，结果就会让你瞠目结舌，没想到自己一天在某种事情上居然耗费如此多的时间，比如聊微信、打游戏、刷抖音等，这些由碎片方式累积起来的行为，通常都是神不知鬼不觉地占用时间的。

我们凭感觉对自己的评估往往是不准确的，而且我们不断在变化，你对自己的认识不能仅仅停留在儿时。自知之明并不是自动得来的，我们没法把每时每刻都录下来，而仅凭思考自己的所作所为又非常容易被误导，所以我们需要运用系统的自我观察技巧。

"打卡"的学问

你的公司上班要打卡吗？反正我在不少上班要打卡的公司工作过，迟到一次就没有奖金，累积几次就如何如何，令人生厌。但站在管理者的角度来想，让员工每天都怀揣梦想、饱含热情地早早到公司上班是件极其艰难的事情。从投入产出比来说，也许打卡是非常经济的做法，简单、粗暴、有效，可以一目了然地在月底了解每个员工的出勤情况，比员工自己记得还清楚呢。

其实，还有不少令人舒服的"打卡"方式。幼儿园和小学里就经常用小红花或者小红旗之类的，作为小朋友一次良好表现的奖励，孩子们热衷于积累小红花，大人也是一样。

被动的打卡并不能帮助我们建立自知之明，主动的打卡却是一种积极的自我观察方式，而且简单有效。在我开始尝试4点起床后，就做好了日历表格打卡，下图是我第一周的成绩。

你看到了什么情况？我看到了刚开始的第一周，我就有3天成功地在4点起床，这是我过去一直未曾做到过的事情。

这种打钩的方式和小红花没有本质区别，当你需要坚持某件事情的时候，首先应该坚持"打卡"。每一个钩都代表你实施了你期望的行为，累积它们会增加你的成就感。要注意，当你要培养某个好习惯时，只打钩不打叉。打叉是一种对于自己"失败"的记录，我们没有必要关注失败，而应关注自己的进步——哪怕是微不足道的进步。看看下面这张图，你的感觉会有什么不同吗？

如果你和之前提到的那位打算晚上不看美剧的学员一样，

准备戒掉某个习惯，那么打叉是需要的，但仍要密切关注自己的"钩"。无论如何，打卡时绝对不能只打叉，单纯地记录失败是令人泄气的。

打卡是一种最简单的调动你的能量促使你坚持的方式。之前你已经知道了要随时把碎片丢进碎片清单里，也知道了每天要建立任务清单，结果你坚持得如何？真正是每天都坚持了吗？一周能坚持做到几天呢？打卡正是为了帮你了解上述问题。

一位想改善同事关系的学员会记录自己每天在公司向人微笑的次数，一位体育锻炼者会记录自己每次跑步的公里数，一个爸爸记录自己陪孩子的时间……他们除了关注自己是否发生了期望发生的行为外，还关注该行为的效果，所以会通过记录一些数值来反映这种效果，便于追踪自己的进步。

这是非常不错的方式，甚至可以用来记录你每天心情好坏这样抽象和主观的感受。在这里需要提醒你的是，在刚开始，坚持做了比做得好更重要。典型的如锻炼身体，刚开始时你只要锻炼了就很棒，很多事情难的是开始和发生。

打卡是你唯一需要培养的习惯

如果你只能培养一个习惯，请培养打卡的习惯，因为它是培养习惯的习惯，是坚持做到某事的最重要技巧。原则上来说，应该在发生行为的第一时间就打卡记录。

为了能够做到并坚持，你需要想尽一切办法让记录的过程变容易。用来记录的工具最好是随身和便携的，如果你用纸记录，那么你应当把它们张贴在合适的地方，以便随时能够提醒你。

有的学员为了记录花销情况，把记录卡片放在钱包里。

有的学员在床边贴一张月历提醒自己做睡眠记录。

有的学员在冰箱门上贴表格来控制自己吃零食。

他们都把纸放在了最醒目的位置。

有些时候记录并不是那么容易的，甚至是很怪的行为。比如，那位想改善同事关系的学员，她通过增加对同事的微笑次数来增进感情，但是，她不能每次对同事微笑后就掏出纸笔记录一次，这时候，她需要一些小技巧小工具。这位学员用的是手链，上面有念珠，每微笑一次，她就悄悄地拨动一颗珠子到另一边，一天下来，她只需要数一下拨过去的小珠子就可以了。

长期的打卡除了记录本身之外，还要考虑数据存储和统计的问题，使用手机便可以将这些问题轻松解决。在我的清单中，任何一个项目都是可以轻点一下就完成打卡的，数据会被存储到手机或云端上，可以按周、按月的方式去浏览自己的"小红花"。利用手机这种便携工具打卡是这个碎片时代培养习惯者的福音。

还记得那位只通过打钩打叉就戒掉晚上看美剧的学员吗？这绝不是特例。当一个人处于被观察的状态时，其行为本身就会发生改变。想象一下，如果你的老板现在就在你身后，盯着你看这本书，你的感受将会发生怎样的变化？

当自己观察自己时，也会产生同样的效果，你自己同时在扮演监督者和执行者的角色。很多时候，当你有意识地关注自己的某一种行为时，打卡通常会按照你想要的方式改变这种行为。在心理学中，很多问题的解决都是从记录开始的。这种由于自我观察所形成的行为改变，只有在你保持记录的时候才会起作用，一旦记录停止，其效果也会停止。所以，无论你想坚持什么，先要坚持打卡。

当你有意识地记录自己的行为时，就把你的能量导向了关注行为本身，一段时间的记录也是你一种客观有效的反馈机制，帮助你发现问题。

一位学员写道：我喜欢阅读，很长时间以来，我希望可以多读书，可是每天下班回家后都很疲劳，不自觉地就打开电脑。后来，我给自己买了一个小本子，开始记录我读过的书和文章。看到不断增长的已读清单，我非常兴奋，我喜欢完成阅读后在笔记本上做记录的感觉，这让我了解了我自己的进展。我确信，我现在比以前读得更多了，因为记录阅读对我而言意义重大，它让我感觉好极了。

小结

如果你不喜欢"打卡"这个词，也可以用"签到"或"做记录"来替换，这种在日历上打钩打叉的方式将是你统筹全局的基础。不要忘记，我们已经开始上升到战略高度想问题，你已经不再是与碎片搏斗的士兵，而是在地图上指点江山的将军。

碎片化日志

站在天上看自己

最近几年，手账开始悄悄流行。"手账"这个词源自日本，其实就是随身的笔记本，只是不像以前那样只有单调的横格纸、日程、日历、计划，各式各样的记录模板排列组合包含于其中，再加上精美的封皮、适合的大小，这让很多年轻人尤其是女性着迷。

用手账的人主要做两件事，一种是做计划安排，另一种是做记录回顾。尤其是后者，很多人一年一个厚厚的本子，记了好几个本子很有成就感，对于那些喜欢把自己的生活详细记录下来的人而言，这无疑是一笔宝贵的人生财富。

手账的流行是件好事，说明人们开始认识到记录的重要性。碎片化吞噬了人的大部分精力，天天被逼迫从小处着手，根本没时间从大处着眼了，浑浑噩噩，就是不知道自己是怎么走过来的。做记录给了你这个机会，这里说的记录不再是简单的打卡，而是写日志，记下那些值得你记忆和纪念的事情，记录下你的想法和感受，记录下你的思考，记录下你的进步和你得到的教训。

有位智者答应每天和你谈心一次，站在另一个高度帮你解决生活中的问题，而且随着你能力的提高，这位智者的能力也在提高。这位智者就是你的反思，召唤它出来的法宝就是写日志。

晨间日记就是碎片化日志

肯定有人和你说过写日记的好处吧？也许你真的尝试过，大部分人可能也都尝试过，但能坚持下来的没几个。一开始很容易写成流水账，要不就是发泄情绪诉苦水儿。写东西的冲动不是总有的，这么浮躁的时代有多少人能踏实下来干这么苦的活儿呢，而且又看不到什么短期利益。

日记这事最开始时是在不那么爱写日记的人中流行起来的，也是受了日本影响，一本叫作《晨间日记的奇迹》的书火了一把。它把日记的功利性切实地体现出来了，付出的时间还少。"晨间日记"强调早起写日记，但这不是重点，它的优点在于碎片化。把你所关心的各个方面整理出来，然后分别做记录。比如，书中的一个例子按照"愿望、人际、工作、快乐的事、当天、锻炼身体、情报、创意、今日惊喜"9个方面来记录，每方面只需要把当天的所作所为所思所想用一两句话记录即可，无须记那些你不关心也不打算回首的事情，只需要记那些真正对你有价值的事情即可。这使得日记可以碎片化地记，但坚持下来就会在某个领域有持续的积累。有了这个方法，才真正让日记这种东西变得吸引人。

积累碎片，积累成就感

碎片化日志重在坚持，所以最开始你可以只选择眼前最关心的一个方面持续记录，慢慢再拓展到更多的领域，这会给你带来持久的重大改变。

一位讲师朋友从12年前开始记录"与人会面"。他会记下来和同事、客户、友人之间的会谈，写的内容很简单——谈话的要点、对方给自己的承诺、自己给对方的承诺。后来手机拍照普及了，他还会顺带记录发生的地点，甚至记下他们吃的什么。这位朋友有意识地在人际方面做积累，现在已经是一位知名的培训师了。每次与人会面，他都可以说出两个人见过几次面，在哪里，说了些什么……

一位IT工程师，以前一直生活在自己的世界里，很少与别人来往。学习了积极心理学之后，他意识到自己必须努力走出自己的世界，敞开心扉与别人交流。为了能够更快地给别人留下好感，他开始每天记录"感恩时刻"，写下别人对他的点滴帮助，哪怕是微不足道的一个鼓励的微笑，他也没放过。记下来之后，他就会在第二天当面或发信息表达感谢。这方法拉近了他和别人的距离，而且大大增加了他的幸福感。

一位互联网公司的联合创始人被员工评价"太刻薄"，他自己也意识到他总是爱挑别人的毛病。于是，他开始努力发现员工的优点，肯定他们的成绩并记录下来。在每周的例会上，他都会翻开自己的日志，对员工的成绩赞许一番，这让大家对他的态度大为改观。

还有一些学员用碎片化日志的方式记录自己每天的成就，做大事记，便于以后翻阅，回顾自己的每一天是怎么过的。也有学员为了聚焦自己的梦想，专门记录自己每天为梦想做了些什么。还有记录自己学习笔记的、记录和家人关系的、记录宝宝成长的，不一而足。

如何记碎片化日志呢？这要基于你的目的进行思考，总结下来有以下5种。

对于事件的记录：记录你见过的人、做过的事、说过的话，它补充的是你的大脑记忆。同时，也可以记录那些有纪念意义的日子，贴些照片。

对于思考与感受的记录：更进一步，你可能需要对基于事件的所思所想进行记录，这些都是你宝贵的智力财富。对于这件事，你的感受是什么？你想到了哪些？今后碰到这类问题怎么处理？你的下一步行动是什么？你如何进行改变？

基于特定领域的记录：如理财、学习、锻炼，这些都是你要关注的具体方面，帮助你唤起自己对该领域的思考与情绪，促使你坚持。

对于成长与成就的记录：你可以记录自己的进步，值得自己骄傲的事情，它们可能没有什么直接的功用，但是会增加你的积极体验，促使你变得更自信，对生活更满意。

对于日程安排的记录：这部分和我们前面讲的碎片清单及每日任务清单的作用一样。

小结

写日志并通过记录的过程思考是非常好的习惯，结构化让你的日志更有意义，碎片化则使你更容易坚持。

学会预计时间

预计时间就是在做事之前思考，这件事情花多少分钟能完成？有了预计时间，计时中的倒计时器会变得更有意义，让临近截止时间的紧迫感更真实，从而督促你专注高效地行动。但预计时间必须是你思考后的结果，并且尽可能准确，才能发挥出效用。"自律帮"App中的每个事项和习惯都会显示出预计时间，这是我判断先做哪件事以及安排事项时，重要的参考依据之一。

我猜想有时候你会超时完成任务，感觉怪难受的，显得自己很低效似的。所以从这里开始训练你对时间的预计能力吧。

从判断题开始

你的终极目标是能较为准确地预计每一个行动所需花费的时间，但现在你处在初级阶段，完全没有必要这样要求自己，也不可能做到。估得准非常困难，需要很多其他时间管理方法的配合，还有经验的积累。你可以把它想象成一道综合题，难度大，但是做选择题就会容易得多，做判断题就更容易了。

所以现在你只做判断题，当前要做的事情所需的时间是小于等于25分钟，还是大于25分钟小于60分钟？每次开启计时器，先思考，如果判断事情花费时间超过25分钟，就修改预计时间，直接拉满到60分钟即可。

这样坚持练习，就能帮助你打好预计时间的基础，既建立了事前思考的习惯，又简单易行，还尽可能保证你不超时，不会让自己太过于挫败。方法和思路讲完了，请你在接下来的实践中坚持这个思考，把基础打牢。

Tips

"自律帮"App上默认的每件事的预计时间是25分钟。也就是假设一个行动从开始到完成会花费25分钟。为什么是25分钟呢？这是参考了番茄工作法的设定。另外，我们每次专注于一件事的时长，30分钟左右最佳，最多不要超过60分钟。因为时间越长，人脑预测越不靠谱，所以预计时间应该以分钟为单位，最好30分钟以内。

三思而后行，做好综合题

在实践中，你会发现有些事情没法习惯化，比如很多你用随手记功能记在待处理清单中的事情，这时你应该用三思而后行的方法，处理加工它们来得到预计时间，这也是咱们做综合题的步骤。

所谓三思而后行，是处理事情时的3个思考步骤。

第一步，确定一个短小的下一步行动。一个行动能搞定最好，不能搞定就再分解。行动时间也以分钟为单位，半小时以内最佳，你把时间估计得准，压力小、好启动。

第二步，确定行动的目标和结果。只有当你清楚任务做到什么程度叫完成，才能让自己避免追求完美、不断地增加不必要的工作的局面。

第三步，按步骤逐项预计时间，最后加总和，就能得出比较准确的行动预计时间。这时，原本头脑中一个模糊的想法变成了一系列行动步骤，执行起来就容易、高效得多了。

让预计时间成为习惯，才能提高准确率

要想让事情的预计时间准确，核心思想是把事情尽可能习惯化。原本就是你的习惯，自不必多说。不是习惯的，也尽可能以习惯来对待。比如我写短视频稿这事，就整成一个习惯，一天3次。当你一天中多数事情都是习惯化的，你就能做到既井井有条，又能容纳新变化。我在App中建立了50多个习惯，挺规律的，但每天也会迎接新的挑战，努力达成新的目标。

当然，在App上也可以改变事项和习惯的预计时间。点击计时器正中的时间数字，就可以调出预计时间修改界面。或者你也可以在事项和习惯的设置菜单里修改，两者的效果是一样的。在预计时间修改界面，你可以点击一个时刻，或者拖动指针转圈来设置预计时间，范围在1~60分钟之间。修改后，倒计时器进度条也会发生相应的变化，更临近截止或更宽裕。

我建议你在一开始不用考虑预计时间。第一步要优先养成坚持记录的习惯，无论是记事情，还是计时。如果没有这个基础的习惯，别的都白谈了，预计呀，计划呀，都白谈了。

等觉得自己对时间慢慢有掌控了，习惯养成得不错了，这时可以再去细细考虑，到底每件事应该花多长时间？现在可以只考虑，这件事是25分钟以内就能完成，还是不止25分钟？不用具体化到准确的时间。

一次沉思，一种准备

苏格拉底说过"认识你自己"，可是如何认识自己？

如果你和一个从未谋面的人约定见面，你是否想了解他？你会怎么了解呢？现在，你有了便捷的工具，直接上微博和微信，浏览TA过去发出来的内容，就可以大概了解这个人。秀出来的毕竟只是想秀的，其实你有机会了解更真实的自己，就是去回顾自己的过去。

打卡、写日志都是为了更加客观真实地反映自己的过去，更为根本的目的是了解自己。为此，你需要频繁地回顾，这是一种更为深邃的思考方式，在总结过去的同时为将来做准备。

你的时间段清单、碎片清单、每日任务清单都需要你每天频繁地回顾，这让大脑无牵挂，还能不断优化；你的打卡记录、碎片化日志则需要至少每周回顾，这会让你发现问题，不遗漏丝毫信息。

第二章总结

9个问题帮你回顾:

☐ 本书的前两章主要应对哪两种碎片,它们各自

有什么特点?

☐ 应对第一种碎片用到了哪个(些)清单?

☐ 应对第二种碎片用到了哪个(些)清单?

☐ 时间段划分的依据是什么?

☐ 早晚的时间应如何利用?

☐ 为什么不要严苛对待自己?

☐ 碎片清单和每日任务清单的关系是什么?

☐ 碎片清单的使用原则有哪些?

☐ 打卡和写日志对于第三章的内容有什么意义?

第三章

让高效毫不费力的高级技能

知道容易做到难，坚持做到更难。积累碎片、培养习惯、坚持做到，这些听上去很需要意志力的事情，其实也是有更精巧的方法的，如前面讲的早起、早睡、记录、写日志。本章帮你获得关于坚持的方法，让这两个字不再是抽象空洞的字眼，也为你取得长久的改变奠定基础。

逆 "习" 思维

人们都有惯性思维，习惯本身也有惯性思维，而它们恰恰是阻碍习惯养成的，这部分内容将帮你建立正确的思考方式。

为什么我们坚持不下去

警惕那些 "每天5分钟"

现在流行着各种简单的解决问题的方法，纷纷声称自己的方法很简单，只要每天……

瘦身瑜伽，每天只要 10 分钟，坚持下去拥有性感小蛮腰不是问题哦。

做个会赚钱的总裁其实很简单，只要每天

思考并做对、做好8件事。

教育孩子很简单，每天只要一分钟。

爱，很简单，只要每天都会彼此挂念。

……

类似的表达还有很多，你看它们的句式都一样，都是条件关系句"只要……就……"。然而，"只要"后面的条件最难，根本做不到！人知道一件事情应该做是一回事，做到了是另一回事，能够在自己的漫漫人生路上坚持着并且持续做到则是非常困难的事情。谁都知道眼保健操对眼睛有好处，谁也都会做，但是看看你周围，谁每天在做？

有人可能会说，这是动力不足。然而，和健康、生命息息相关的事情属于最根本的生存需要，动力应该很足了吧，但医生告诉我，病人无法坚持吃药是个大问题。有调查显示，只有50%的病人能坚持6个月以上遵医嘱服药。很多公司现在都在尝试利用手机游戏的方式改变这样的状况，提高坚持服药率，让病人得到更好的治疗。

看来，这不光是个动力问题。

你参加过网络上的打卡坚持类组织吗？2012年我发起了"早

起的鸟儿"社群，之后每天都看着成百上千的人早起打卡。有的人在群里说通过打卡，他们真的养成了早起的习惯。2013年我们专门做了手机应用来打卡，大家玩得不亦乐乎。之后一两年，又涌现出很多类似的组织，"早起鸟""早起团"之类的，早起打卡日趋流行。

除了早起，还有不少组织把概念扩展到"坚持习惯"上，什么都可以坚持，什么都能打卡，同时利用人与人之间的相互影响形成小组，甚至有的组织干脆让你事先交钱当押金，坚持下来才退押金，坚持不下来就不退。为了让大家养成持续坚持的好习惯，组织者们也算是绞尽脑汁了。

我的学员中就有不少人参加过类似的组织，他们有的加入了某种"监督"小组，有的加入了"坚持100天"的活动，有的还真的交了押金，并且顺利地被扣了款。

我的课上曾经出现过这样一种情况：两个学员都参加过同一个网上坚持组织，我问他们效果如何，一个说对他很有帮助，而另一个说根本没用，还是坚持不下来。这不禁令人困惑，组织可都是宣称采用了科学方法帮人坚持的，怎么同样的方法却效果迥异呢？事实上，真正能坚持下来的还是少数！

若一种方法有效，则至少应该对半数以上的人适用，那些坚持下来的人与坚持不下来的人究竟有什么不同呢？难道我们只能归结为毅力问题吗？事实上，有3点不同影响了人们是否能养成习惯，把这3点搞定，你就可以很轻松地在短期内培养大量好习惯。

1. 对习惯的理解。

2. 对习惯培养过程的理解。

3. 对不同方法在不同阶段正副作用的理解。

搞定这3件事情，你就可以去培养任何想坚持的习惯了，真正地把碎片累积起来，成为自己的竞争力。

长期积累所形成的差距令人望尘莫及

小G和小B两个人是邻居，也是同事，她们从小就认识，刚开始工作时都和家人住一起。下面是平常的一天，看看她俩有什么不同。

闹钟响了关机继续睡

家人充当第二闹钟来o

闹钟一响就起床

慌乱地从杂物堆中翻

起床后不紧不慢披上衣服，
开始洗漱，梳妆打扮

在衣柜

结

清楚地知道自己的梳子、发卡、护肤品、化
妆品在哪儿，逐个拿起，用完逐个放回

换上昨晚已经挑选好的衣服

小 G

和家人一起吃早餐，有说有笑，一起出发

坐地铁，看

到公

一天高效的工

下班后部门团队建设，大家一起聊天，

小B

起床

的东西, 偶尔还会找到

几天前想找的东西, 算是意外之喜

终于找到自己觉得合适的搭配

块吃饭时掉上去的油, 只好拿条围巾挡上

匆匆下楼。来不及吃几口早餐, 来不及和家人

冲出家门去上班

及了, 只好打车。堵在路上, 烦躁不安

迟到, 尴尬地到工位, 一通收拾, 迟迟进入不了工作状态

心不在焉地工作, 偶尔想起衣服上的油

别让同事看见, 调整好围巾挡一挡

团队建设时插不上话, 因为没了解
过这些。终于轮到聊旅行和八卦
了, 插嘴说上个月刚去过海南

和同事有说有笑

展、理财、社交心得, 畅所欲言

终于可以玩会儿。洗
澡, 晾干头发, 很晚
才睡

澡, 选出第二天的衣服挂好; 上好闹钟, 睡觉

竖着看一天，横着看一生

如果只纵向地从一天的角度看，人们之间只不过在工作和生活的片段上有些不同而已，甚至可以理解成这是不同人的不同生活方式罢了，没什么可比较的。但是，如果你把每天都在发生的那些碎片穿成串，横向地去看每一天，就会发现它们其实都是习惯。正是这些每天都发生的细小碎片构成了习惯，而习惯所形成的巨大差异令人惊叹！

人总是高估了自己一年所能取得的成就，而低估了自己10年所能取得的成就。所有巨大的成就都是由时间来放大的，做对你应该做的事，由时间来放大。我在2005年时还不知道什么是"时间管理"，而今天，我可以用我这16年学习和实践的经验帮助上万人安排好自己的时间和生活，这就是累积的价值。

这里比较的仅是一些生活碎片，如果是把两个人的成就做比较的话，很可能落差会更大。

"三天打鱼，两天晒网"还不错

概率思维是人类认知的死穴，这句话源自一本心理学著作，点破了很多问题产生的根源。人类都害怕不确定，都难以忍受天气预报中的"降水概率"，而培养习惯正需要概率思维，若能打通这条经脉，挣扎心理便会得到缓解。

一位做法务工作的学员，由于工作中纸质资料很多，自己经常找不到，所以她希望养成每天下班前花10分钟收拾整理的习惯。我建议她不必要求自己每天都做，需要整理时整理即可，因为资料不是每天都一样混乱的，而且这个工作习惯熟练后整理起来会很轻松，根本用不了10分钟。学员听了我的建议后睁大眼睛问我："你的意思是我不用确定哪天整理吗？"那表情真的像是被点了穴。我说："是的。"为了防止她崩溃，我赶紧补充道，"你没必要要求自己在不需要整理的时候还去整理。"那天课程结束，这位学员来找我说她想通了。以前她总认为只有严格要求自己才能逼迫自己行动起来，现在她发现务实地根据需要培养习惯就行了，不需要每天都去做。她打算尝试接受不确定了。

概率，就是不计较一天两天的得失，要把自己的情况放在更长的周期内去观察。你总完不成日计划对吧，那么到底一年中你有多少天完成了你的日计划呢？还是干脆做了几天计划就彻底放弃了？

概率就是你习惯培养的成绩，长期统计下来，如果达到60%，说明你已经养成习惯了；如果达到85%，说明你非常优秀；如果达到94%，说明你一定异于常人；如果是100%，说明你可能来自外星球。

过去的一年，你到底有多少天完成了日计划？有多少天做了回顾和总结？运动了多少次？健康饮食多少顿？阅读了多少本书？看了多少部电影？如果这些你都不知道，快去打卡记录吧。

聚焦可操作的行为

在我的习惯培养课上，有一位上海来的时间管理培训师，他打算培养待人友善的习惯。我告诉他这太抽象，他必须找到具体可操作的行为才能培养和坚持。最后，在其他学员的帮助下，他确定自己要培养赞美他人的习惯。先夸奖别人，只要夸奖了就给自己加分，每天统计得分并记录。

由待人友善这种抽象的概念具体化到夸奖别人这种可操作的行为，标志着他把自己要培养的习惯想清楚了。任何习惯都必须把它定义成可操作的行为，这样才能开始，才能观察，才能打卡，才能坚持。所以，不要再谈高效工作，要谈把手机扣着放；不要再谈锻炼身体，要谈仰卧起坐；不要再谈读书学习，要谈记录与总结。

创造行为发生的条件

女儿看的动画片里有一只爱种菜的兔子，别人向它请教如何把菜种得这么好时，它说只需要考虑3件事情：阳光、土壤、水分。兔子说这3样东西为植物生长创造条件。

一位学员为了在家中可以高效率地思考和工作，列了下面这样一张清单。

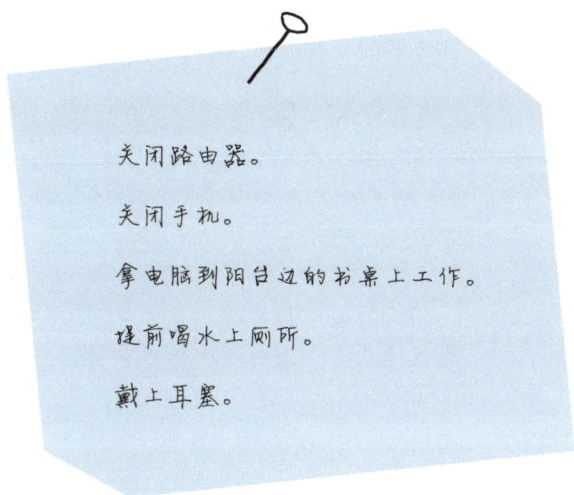

关闭路由器。

关闭手机。

拿电脑到阳台边的书桌上工作。

提前喝水上厕所。

戴上耳塞。

这些任务全部在开始工作前完成，然后进入两小时持续工作的状态，是提前做的这些事情为他创造了专注工作的环境。

当我们谈坚持某种行为习惯时，其实我们是在谈坚持为它创造条件。和植物生长类似，习惯养成只需要考虑六大条件：时间、地点、物品、环境、他人、身心状态。

从3分钟热度到持之以恒

"坚持21天养成一个习惯"纯属扯淡

《荷马史诗》中有一部作品叫《奥德赛》，主人公是希腊英雄奥德修斯。他在乘船回家途中，有人警告他说前方有海妖，它们会用极其优美动听的歌声诱惑船员下船，然后把他们吃掉。奥德修斯非常想亲耳听到海妖的歌声，于是他命令船员：

1. 用蜡塞住耳朵。

2. 把自己牢牢绑在桅杆上。

3. 在穿过海妖的水域之前，无论自己说什么、做什么，都不许给他松绑。

你想象到这故事的结果了吗？船员听不到海妖的歌声，安然无恙；奥德修斯如愿听到了海妖的歌声，但无论他多么疯狂地怒吼要求船员给他松绑都无济于事，因此他也保住了命。整个船队顺利前行。

奥德修斯清楚地知道自己没能力抵挡海妖的诱惑，于是他精巧地改造了环境，使他可以顺利过关。你是否和奥德修斯一样，清楚地知道在这个碎片化时代，你同样没有能力抵挡各种刺激的诱惑，而在培养习惯的道路上却又诱惑不断呢？如果你谈的是"坚持""毅力""梦想""意志力"之类"高大上"的词语，那么可能你已经败了；如果你谈的是"屏蔽刺激""减少干扰""整理桌面"之类的具休行为，那么你坚持下来的概率将逐步提高。

现在流行一句话叫"坚持21天养成一个习惯"，扯淡指数跟"吃绿豆治百病"有一拼。网上还有不少人煞有介事地改造成30天、60天、90天、100天等各种不同版本，而且划分出阶段，前3天如何，接下来两周如何，把习惯培养过程搞得像母鸡下蛋似的。21天的说法是典型的把目的当手段的逻辑，类似于"要想专注，先要专心"。

让两组高中女生投飞镖。第一组，实验人员要求她们每投一次飞镖，就看一下自己的成绩。而第二组，实验人员要求她们在投飞镖之前，确认两件事情：

第一，捏飞镖的手指是不是比较松弛。

第二，投飞镖那只胳膊的胳膊肘是否做到贴近身体。

一天下来，第二组的成绩远远高于第一组。

谈坚持，坚持的并不是结果，而是正确的过程——像奥德修斯那样坚持绑住自己，像第二组女生那样坚持投飞镖的正确姿势，像我一样坚持上两个闹钟。

习惯不等于重复

你背过单词吧？是否曾在脑袋中做过这样的计算："嗯，一共有5000个单词，我每天背50个，100天背完。"

很多人都这样想过且这样做过，这是一种典型的线性思维——圈定一个起点（0个单词），圈定一个终点（5000个单词），根据时间制订一个简单的计划（100天，50个单词/天），然后认为自己只要每天简单地重复做，就可以按部就班地完成这个计划，搞定5000个单词。实际发生的情况往往是很多人干了两三天就发现和想象的不同了，而后一旦有一天没背单词，焦虑就来了，你说接下来的一天是背100个单词补上之前落下的呢，还是彻底放弃那50个？真纠结。

大家陷入某件事情想坚持成习惯时，也是倾向于把这个过程看作简单的重复。如果有1000个人陷进来，大概只有100个人度过了前三天，其中有10个人真的坚持了几个月，只有1个人真正坚持下来养成了习惯，剩下999个人都废在了半路上。

如果习惯真的只是简单地重复若干天就能培养成功的，也就不会有那么多人抱怨知道但做不到了。整个习惯培养的过程不是简单地线性重复，而是在有机地变化，需要你不断地自我调整，环境变了你不变，肯定会被淘汰。

有一款曾经很流行的手机游戏叫"Flappy Bird"，看上去很简单——你操作一只鸟，穿过上下相对的两个管子，穿过一个得一分，碰到管了或落到地上就重来，只计最高分。

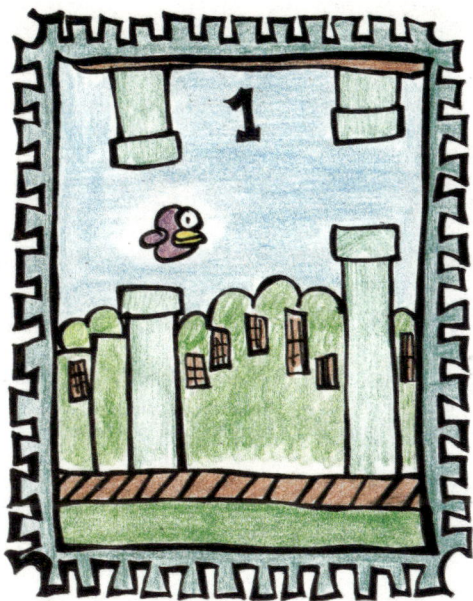

第一次玩，你可能直接就撞地上了，因为你还不知道轻轻触碰屏幕让鸟飞起来；两三次后你就搞明白规则了；接下来的几次你很可能直接撞到第一组管子上，因为你还没有找到节奏；又玩了十几次，你终于通过了第一组管子，刚要热烈庆祝就撞到了第二组管子上；你继续耐着性子玩上几百次，突然，你觉得你找到诀窍了，游戏性质变了，它挑战的是专注力而不是技巧本身，过

10个管子和过100个管子对你而言并没有什么不同，你可以秀你的技术给那些刚起步的朋友看了。

习惯培养的过程更像玩Flappy Bird，你无法在一开始就制订出靠谱的计划，因为你根本是个新玩家。随着游戏次数的累积，游戏进程在演变，你自己的状态也在不断变化，你会不断地想办法调整自己的状态以便匹配游戏进程，直到你再也无法从中找到乐趣。

心理学家提出了行为改变的阶段性理论，可以清晰地描述出习惯培养的整个过程，我把它简化如下。

第一阶段：人处于无知状态，也就是并没有意识到自己存在什么问题，并不打算培养某项习惯。比如在阅读这本书之前，你可能从未意识到记录日志并不断回顾和反思的意义所在，所以你不会去做任何尝试。这个阶段我们可以忽略掉，因为没有什么方法可以让你主动地意识到你没意识到的问题，我们永远无法教会不抽烟的人戒烟的方法。

第二阶段：探索尝试期，有点像你刚玩Flappy Bird、刚开始做记录、刚开始跑步。你已经意识到了自己的问题，并且确定要着手培养这个习惯了。你的任务是要解决如下问题：

游戏是否适合你？

游戏规则是什么？

你是否有能力玩这个游戏？

你是否有意愿付出努力？

玩这个游戏对你有什么意义？

如何玩好？

这个阶段我们要重点关注，多数人折在这里。

第三阶段： 行为固化期。你的习惯行为已经持续了一段时间，你的任务是要让它更加稳固，把它对你个人的意义放大。这个阶段我们也要重点关注，很多"过来人"会把这个阶段应采取的方法强推给"菜鸟"，导致"菜鸟"习惯培养失败。

第四阶段： 你的习惯已经稳定了，除非碰到工作和生活的较大变化，它不太会离开你，即使离开你，你也会有信心重新开始建立它。这个阶段我们也不需要重点关注。

接下来的内容里，我们会重点关注第二阶段探索尝试期和第三阶段行为固化期所应采取的方法与步骤。如果你问我，你的习惯多少天可以养成，我给不了你答案，它取决于你在这两个阶段是否采取了正确的行动。

找到最适合自己的习惯

我们到底在坚持什么

聪明的习惯坚持者，傻傻的习惯坚持者

一位学员学习了我的课程后，打算开始坚持跑步。我们一起探讨了很多关于她跑步的细节：

确定跑步的时间是在晚饭后、天黑后，因为她喜欢一个人跑，不喜欢别人看着她跑。

确定跑步的地点是在她们学校操场（这位学员在大学里工作）。

确定跑步要换运动衣和跑步鞋，这意味着她必须在晚饭后回住所一趟，并在天黑后再出来。我们还一起讨论了这段"等待"的时间适合她做的事情。

确定只在身体舒适的日子跑步。

确定每次跑完步，她都要在自己的本子上做一个记录，或发

一张健身的图片到微信朋友圈，只是做记录给自己看。

两个多月以后我们再次联系时，她告诉我她已经不打算跑步了，因为她觉得她不喜欢跑步，而且在北京这样空气质量差的地方，跑步是件"看天吃饭"的事情，不稳定。她已经按照我教给她的方法把游泳这件事情开展起来了，因为游泳不受天气影响，感觉也更舒服些。

又过了两周以后，她告诉我她放弃了游泳，因为她们学校的泳池人少的时间恰恰是她上班的时间，等她有空时泳池人又很多，而且游泳前后的收拾准备还是挺麻烦的，一个人游泳也挺闷的。她打算在住所里跳健身操。

故事还没有完，看到这里，你如何评价这位学员呢？你是不是觉得她是一个"没长性"的人呢？

现在，她已经坚持跳了一年多的健身操，还增加了各种碎片化的力量训练。我要告诉你，这位学员是个聪明的坚持者，她清楚地知道自己想要坚持的是锻炼身体，也明白在探索尝试期她的任务不是傻傻地坚持某个行为，而是发现适合她且更可能成功坚持的行为。最终她发现了健身操，一项不依赖天气、不依赖场地、无须走出房门、也不受其他人干扰的带感的运动方式。聪明的坚持者在探索尝试期努力地发现自己想要的是什么，绝不会"在一棵树上吊死"。

你无法"不做什么"

一位学员是某广告公司策划部门的负责人，经常要组织大家开策划会。会议中，他发现自己说得太多了，其他几位同事很不满，大家逐渐开始用沉默来对付他。他的确有很多想法，想法来了他就会有说话的冲动，于是就在这股力量推动下滔滔不绝。为了解决这个问题，起初，他努力抑制自己，试图保持沉默，但他发现当冲动的力量来了之后，他会时常忘记闭嘴，一说起来就没完没了。我们探讨过之后，他开始使用一种更积极的方式来处理这个问题——记笔记。在别人发言时，他有意识地去理解别人说的意思并记下来，迫使自己进入"倾听"模式，而这种积极的倾听也使他的注意力放在了他人的想法而不是自己的想法上，自己说话的冲动自然就消失了。

一位学员在工作时经常跷二郎腿，同事从他后面走过，说他整个身子都是拧着的。这让他意识到跷二郎腿对他的健康有害，于是他决心改掉这个毛病。他想得很简单，只要跷腿就让自己放下来，但是他经常跷了很久才意识到，而且有时这姿势蛮舒服还真舍不得放下。我告诉他不能只是要求自己"不跷二郎腿"，"不做什么"不能被称为一种行为，他必须找到一个全新的行为去做。最后，我们请教了对姿势体态有研究的健身教练，得知良好坐姿的关键在于骨盆是直的，多数人则是后倾的，只要有意识地让骨盆保持竖直，整个上身都会挺直。当这位学员有意识地将注意力转移到这个新行为时，他发现他根本就跷不起二郎腿了。

当人们想消除自己的某种行为来换取效率或健康时，通常都会很自然地下定决心不做某事。不看手机、不上网、不说脏话……你听说过"别想粉色的大象"吗？说的就是越是压抑你就越想。不做某事就要找到一个更为积极的行为去替代，比如你要坚持的是读书，而不是坚持不看手机，因为不看手机这事你根本坚持不住。

Tips

唯一能采取的行动是行动：

　　一位学员把他的年度计划发给了我，说很难把它转化成每月每周的具体行动。我看后对他说："你这个不是年度计划，是年度结果，我也转化不了。"
　　一年的时间太长，我们所能关注的事情应该是一周左右的。我这周能做哪些事情，能做哪些具体的日常行为，这些日常行为和这个年度结果有关。

坚持碎片化思维

一位在日企工作的学员，日常的工作都需要用日语交流，也经常到日本出差。工作几年后的一次中学同学聚会，她的朋友们都说她说话变得太客气了，起初她以为是因为日本人的说话与做事风格影响了她，上了我的课后她才意识到其实是语言风格不同的关系。日语中有很多敬语，含蓄委婉，很多表达方式都带有自谦以及对对方的尊重意味，长期使用日语影响了她的思维表达方式。

语言可以改变思维，我的这一认识来自一次育儿培训。整个课程老师教得最实操的就是，回去教孩子说"我想请你帮我××，可以吗？"有孩子的人可能体验过，孩子是非常以自我为中心的，他们提要求时经常很"蛮横"，家长是无法以"道理"来劝说孩子的（事实上劝说大人也一样无济于事）。要想让孩子明白家长的帮助是有条件的，需要良好的态度——其实非常简单，就是要求孩子这样说话，一旦孩子开始使用这个句式，他的态度也就变得非常良好。想想看，"你滚开"这句话是很难以关怀友爱的态度说出的，而"我想请你××，可以吗?"也是无法以蛮横的态度说出口的。

不少人意识到，碎片化时代的敌人其实是思维的碎片，积极有效的思维可以让自己更有效率，所以很多人都希望改掉自己的消极思维，变得更乐观、更主动。这些都是一种抽象的思维，无法落实成具体行为，也就无法谈坚持。所以你必须为你想培养的思维习惯找到具体的语言，坚持使用这样的语言和他人、和自己对话。

一位学员学习了积极心理学之后来上我的课，她意识到了积极乐观的思维模式对她生活在这个时代有巨大价值。以前碰到问题她总是陷入纠结，每次和别人述说时或自己想起时，都只是简单地描述那个纠结、那种困境，然后就什么也不做了。她觉察到自己裹足不前，积累下来的问题一大堆。她希望变得乐观积极，却不知道怎么做。我们一起讨论了乐观的人碰到和她一样的困境时的思考过程，列出了下面这个清单。

> 我现在碰到什么问题？
>
> 我现在有哪些可能的解决方法？
>
> 目前众多的解决方案当中哪种更好些，哪种我更希望选择？
>
> 我要接受这个解决方案所需付出的代价是什么？
>
> 我已选定该解决方案，下一步我可以采取哪些行动？

最后，她把这5个问题制作成了一张卡片放在自己的钱包里，每次纠结时就掏出卡片逐一思考，这就是她坚持积极乐观的方式。

碎片化时代的情绪管理

碎片化时代有一种病，我们姑且称它为"碎片痨"吧，症状是：易怒、易焦虑、常心不在焉、忙叨但不开心、信息多但智慧少。该病症属于精神失调的范畴，症状以情绪问题为主并相应诱发一系列身体疾病。

碎片化多、乱、杂，致使人们不开心。和百年前的人比，我们的节奏快得多、压力大得多，古人可以用一整天写一封信，而我们则需要每两分钟就处理一件事情，而且情况还在加剧。人的能量有限，都用来应付碎片了，也就没有多余的能量来管住自己，只能任由坏毛病、坏情绪肆虐。在古人看来，估计我们都有病。

不过这病有药，这本书就是治本的药，而这篇文章就是治标的药，直接针对情绪入手。这药每日服用，一日不限次，每次不限量，无须任何关于情绪的知识，无副作用。

用法：

经常做出微笑表情。

经常用愉悦的语调说话。

经常舒展自己的身体。

经常关注自己的呼吸，加深，放慢。

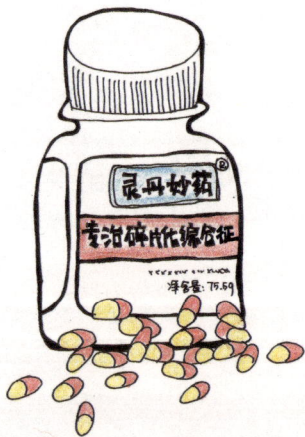

上述用法均在碎片时间操作即可，长期坚持可大幅度增加幸福感，延年益寿。

嗯，我知道，要是没科学性支撑，这药你是不会轻易吃的，我来给你解释一下。

你是否有过压力大、很焦虑，焦虑到胃里都觉得难受的时候？长期精神紧张、焦虑或情绪波动的人易患胃溃疡，这种病被归为心身疾病，心理尤其是情绪因素是主因。

你是怎么知道一个人的情绪的呢？是的，你可以通过对方的表情观察到，也就是说有什么样的情绪就有什么样的表情。心理学家的实验表明，反之也有效，做出表情可以影响情绪，做出微笑这个表情会让你更开心些，至少你在微笑的时候是无法皱眉头的。表情其实包括了面部表情、语调和姿态，所以同样的原理，当你用愉悦的语调说话时，你也会体验愉悦，当你的身体舒展时，你就更不容易神经紧绷。

呼吸则更为重要，因为你每时每刻都在做。我们都知道吃饭多少、快慢和营养与健康关系极大，而呼吸的深度、速度和空气质量对我们也至少有同样的影响。想象一下，当你到了草原上、森林里、高山上、大海边，你会怎么呼吸，是否深深地吸上一口气再慢慢地吐出？很多放松的方法其实都会要求你这样做。

写到这里，你可以回顾一下，当我们谈坚持时，无论是某种行为、某种思维，还是某种情绪状态，若想要它们可被坚持，我们都必须找出一种对应的行为出来。我们坚持的是具体行为，不是其他。

不要重复发明轮子

在开始谈坚持前，你得认认真真地确定到底坚持什么行为。有时你可能真的不知道，毫无头绪，无从下手，那怎么办呢？如果你开始打算早起，但努力了一段时间发现很困难，若是你碰巧看到了我提供的3个步骤，就可以直接照做，免去自己探索的过程。

任何时候，无论你是否已经确定了自己的习惯，我都推荐你尽可能地去找在该习惯上做得好的人请教。他们不仅可以帮助你明确方向，还能帮你排除可能遇到的地雷，其中一些深钻的人可能已经总结出了操作步骤，这将大大加速你探索尝试期的进程。

进雷区之前先排雷

做足准备工作

很多人在开始培养习惯时只有决心和热情，决心其实是必须的，热情则很快就会消散。这无异于在坚持习惯的道路上裸奔，而这条道路又是荆棘密布、杂草丛生，你一不小心就会把自己弄得体无完肤。

聪明的旅行者会为这些情况提前做足准备工作。不仅如此，他们还会在地图上标注“此处危险”，从而在行进中绕开雷区。提前向有经验的人请教，可以帮你发现雷区，并且打消很多上路前的顾虑。

不怕输一盘，怕放弃比赛

最近尝试教孩子玩跳棋，为了让她有兴趣玩，她妈妈故意输给她，胜利后的孩子总是兴高采烈要求继续；但如果她输了，她有可能彻底放弃这个游戏。比赛跑步、滑旱冰、投篮这些可以分出胜负的项目，她都不愿意输，输多了就会噘起小嘴不玩了。

若你想学习一项新的技能，就应该预料到你会输。输是很正常的事情，输一盘并不是一场灾难。但大人和小孩其实都一样，并不会本能地这样想。我的一位上早起课的学员，以前每天8点起床，上课后他决定6点起床。第一天他成功6点起，第二天他也成功6点起，第三天他7点才起，之后他就放弃了努力，破罐破摔，还是和原来一样8点起床。

旧的习惯在你的身上早已经自动化了，在没有任何约束的情况下，你很可能会回到旧的习惯上，毕竟，这些习惯已经养成，它们的力量非常强大，不会轻易消失。尤其是当你碰到困难和压力时，那些曾经让你舒适的旧习惯就又会回来。所以，问题并不在于你会不会重新回到旧的习惯上，而是你如何看待它。

偶尔一次回到旧的行为习惯中并不意味着失败，它只是在提醒你还没练到家，习惯行为发生的概率则告诉了你现在的成绩如何。你要时刻提醒自己，你是在练习一种技能，无法接受失误导致的破罐破摔是你思维中埋藏的最大的炸弹。

一位学员努力地执行自己的日计划，但仍旧经常完不成，他和我说他的惰性太强，我告诉他真正惰性强的人根本不会和我探讨日计划的问题。我们都有惰性，但这并不是前进的障碍，我们无须处理它。我们真正的敌人是诱惑，它们才是埋在路上的地雷。

我们需要未雨绸缪一番，预见它们可能的存在。奥德修斯深知诱惑的威力，于是他使用了束缚自己的策略来绕开地雷，除此之外，还有一些对付它们的有效策略。

避开诱惑

一家公司为了鼓励员工专心工作，专门定制了一批储物柜。当员工打算专心工作一段时间时，就可以把手机塞进储物柜里锁上，公司每月会统计员工利用储物柜的时长并奖励那些频繁使用储物柜的员工。这无疑是个聪明的办法，基于员工自主自愿的原则，更为重要的是，公司并没有灌输"应该专心"之类的空话，而是帮员工把诱惑"藏"起来。

这种避开诱惑情境的策略极为有效，很多时候绕开雷区要比排雷明智得多。不少人认为，证明自己自控力的唯一方式就是和诱惑短兵相接并战胜它，但最后一败涂地的也总是他们。

取得朋友们的支持

有时候你身边的诱惑不是物品而是人。你正在戒烟，朋友邀你参加他们的工间聊天；你正挣扎着起床，你枕边的人说"再睡会儿吧"；你正在减肥，朋友却送上大大的一块巧克力表达他对你的爱。这些人会给你施加压力，或干脆破坏你的新习惯，令你难以改变。

取得理解和支持是种奢望，不少学员费尽唇舌劝说身边的人像自己一样开始新习惯，但费力不讨好。他们都还处在"无知"的阶段，暂时并没有把脚踏进"探索尝试期"的打算，而那些真打算做的人不用你劝说，便会和你站在一起。把你的期望降到最低，和那些可能诱惑你的朋友提前沟通好，只要他们不用任何方法诱惑你，就已经是对你的大力支持了。

转移注意力

有一个著名的棉花糖实验，让几岁大的小朋友坐在一块软软的棉花糖前，实验人员告诉他10分钟后会回来，如果回来时小朋友忍住没吃棉花糖，就可以得到两块。摄像机全程录制了每个小朋友的表现，能忍住的不是一直盯着棉花糖的，而是那些看天花板的。

诱惑摆在面前，最有效的策略就是转移注意力，你甚至可以为你的减肥目标设计一个手机桌面来提醒自己，在美食面前，掏出手机。一位学员在最开始跑步的日子，满脑子想的是"好无聊""真累"，这让她很挫败。于是她尝试去想别的——"我想让自己变得更好、更健康，最好的方式就是慢跑，这件事情值得做，我不会停下来"。

嘘，不要说出来

和很多人想象的不同，把自己要坚持什么公开说出来，并不会真的促使你坚持下来。公开承诺的确有明显的压力效果，人们会因为公开承诺而增加坚持的理由，但这对你有害而无益。尤其是在探索尝试期，你自己甚至都不确定你所坚持的行为是否适合自己。还记得那位由跑步到游泳，最后改做健身操的学员吗？如果她在开始跑步时就公开承诺自己要坚持下去的话，她很可能被这个承诺裹挟，整个过程都很痛苦，而且很可能会失去发现健身操的机会。

一位学新闻的朋友在机关里做撰稿工作，他觉得长期写这类稿件会摧残他的写作能力，于是决定坚持每天写点自己的东西。他使用了公开承诺促进法，他的关注者也都很支持他，坐等他每天的作品。刚开始还好，累积的写作素材和写作灵感确保他持续了40多天，但终于他发现自己做不到每天都写，也做不到为了兑现给别人的承诺而写。公开承诺是很多传销组织的胁迫手段，这种利用外部力量来逼迫自己的做法，在这个阶段并不可取。

习惯多米诺

那些成功早起的学员都是坚决执行早起步骤的人，他们会在晚上想好第二天起床的时间，然后上好两个闹钟。第二天早上wake闹钟响起，下床关掉up闹钟，刷牙洗脸喝水，成功起床。早起这个结果是由前面这一系列行为引发的，一个接一个地相继发生，最终碰倒最后一块多米诺骨牌，结果就发生了。

早起的这条行为链条已经被摸索出来了，你就没必要再去自己发现。其他的习惯你可能无法从别人那里找到适合你的方式，你仍然要亲手码放这列多米诺骨牌，而设置这些行为的思路就是考虑影响行为的六大要素：时间、地点、物品、环境、他人、身心状态。在第一章你就是基于这六大要素去划分时间段的，接下来要详细了解针对具体习惯的用法和策略。思考这六大要素不仅可以帮你在开始前扫清障碍，而且是你发现操作步骤的方法。

确定时间

一位学员想利用工作时间锻炼身体，她打算开始做工间操，利用工作间隙放松身体，适度锻炼。我问她打算什么时间做，她说有空的时候就做。注意啦，"有空的时候就做"这话你熟悉吗？这和"不忙我就去""闲下来我就帮你"之类的话一样，等于没说。"有空"是个假想的状态，这么忙碌的时代谁会觉得自己有空呢？真有空的时候有无数的事情在争抢你做工间操的时间，看看手机、喝杯咖啡、和同事聊聊、上上网或坐在工位上发呆，哪个看起来都比站起来做工间操有意思、省力气。

我建议她为工间操安排出明确的时间，这段时间就是专门用来做工间操的。她认真想过之后，决定安排在上午11点，这段时间自己也累了，会议比较少，也干不了什么事情，她打算做20分钟。你有没有感觉到，当她把时间定下来之后，做工间操这事要比"有空的时候就做"更可能发生。对于你打算坚持的事情也一样，原则上，你必须为你希望坚持的事情确定下来时间。在确定了时间后，一系列问题都得以解决。她为自己设定了闹钟提醒，为电脑设置了这个时间的自动休眠，找了一个同事和她一起，并且定下了"如果开会就不用做"的游戏规则。

很多时候，行为并不需要发生在一个严格的时间点，思考把习惯安排在什么时候，更好的方式是思考"时间段"。如果你按照第一章的方法做了，应该已经应用六大条件把一天划分出时间段了，不同的时间段适合做不同的事情，你应该把你的习惯安排在适合的时间段里。一位和我一样早起的学员需要安排白天的小睡时间，小睡需要安全舒适的环境且无人打扰，他需要一张舒服些的椅子靠在上面，而且，小睡应当是他早起后4小时左右，效率开始下降的时候。经过这样一番分析，他把小睡时间定在8点半到9点半之间，地点选在公司会议室。他们公司9点半上班，虽然会有同事陆陆续续地来，但会议室一定是空闲的，而且椅子很舒服！

还有时候，习惯行为看上去在任何时候都可以做，安排在哪个时间段都行，比如做几个蹲起。在这种情况下一个很好的策略是，把它安排在一个肯定会做的行为之后，比如上厕所。每次上完厕所冲了马桶后，就立刻做几个蹲起。这就好像把你期望倒掉的骨牌放在了一块肯定会倒掉的骨牌之后，这个行为就获得了一个稳定的触发器。

确定地点

一位在大学里读研究生即将毕业的学员打算在最后一个学期努力学习，结果发现在宿舍里毫无学习效率可言，她来上我课的目的是坚持去图书馆。这位学员无疑是非常明智的，她体会到了在不同地点的学习效率的巨大差异。对她而言，坚持去图书馆就等于坚持学习。

和时间一样，地点也是一个行为发生必备的要素，它不仅指场所，还指场所里的具体位置。一位学员说他在工作时很难专心思考，听了我的课后尝试用纸笔思考感觉不错，但仍然会被面前的显示器分散注意力。我建议他收拾一下办公桌，把显示器摆一边，把办公桌另外一边的桌面腾空，当他打算认真思考的时候，就拿上纸笔，把椅子挪到空桌面这边来。这半米的距离直接解决了他的注意力分散的问题，在他的视野范围内，再没有什么吸引他的东西了。

对于大多数习惯而言，时间和地点一旦确定下来，就没必要每次都操心了。而其他4个条件，可能需要你每次都采取一些行动，排好多米诺骨牌。

准备有趣、方便的物品

我的一位朋友和他的爱人都喜欢网球，结婚之后他们俩打算开始打网球，他们做的第一件事情就是购买了一副价格不菲的网球拍，详细价格不了解，大概够他们拿着普通球拍去几十次网球场的。人们普遍认为，最开始高昂的投入可以促使他们坚持下来，事实上这招带来的只是容易消散的热情，而不是持久的行为改变，它的作用甚至不及公开承诺。我估计我的这两位朋友现在正琢磨怎么处理掉这副球拍。

很多人去健身房的思路也是一样，健身房正是利用这一点，推出了会员卡或某种年费制度，让你一次交很多钱，只有少数有良心的健身房才会管你坚持的问题。事实上，健身房和你家的距离比健身房的价格能更好地预测你的健身行为。

很多习惯都需要特定的物品来支持，购置物品的原则是增加趣味和便捷度，而不是"顶级""昂贵"和"流行"。一位打算坚持喝柠檬水的学员购买了一种被称为"柠檬杯"的时髦物件，杯子底部有一个圆锥体用来扎进柠檬里取汁，这位学员认为这样省去了切柠檬的麻烦，但他没有意识到这增加了刷杯子的困难，而且柠檬显然没有被充分利用。在便捷程度上，两者充其量算是扯平。

这里有一些不错的例子供大家参考：

一位打算坚持游泳的学员购买了一个防水的MP3，这样可以在游泳时听到有声书，增加了游泳的乐趣。对他而言，给MP3充电毫不费力，他只需要把带上MP3作为下水前的步骤即可。

我有不少学员为了可以更方便地"打卡"，在网上购买了一种"坚持100天"的贴纸，一大张，100个格子，张贴在醒目的地方，可以直接用笔打钩，也可以用好玩的贴图贴画，对他们而言，这让枯燥的坚持变得更有意思。

一位不喜欢用手机录入的学员购买了一个App，专门用来录音和回放，可以把手机变成一个很方便的录音笔。他把这个工具当成他的碎片清单，有什么事情或想法立刻掏出手机录下来，闲着没事的时候就回放给自己听，认真地思考每件事情。

选择环境

阳光明媚的房间可以让你工作时更有精神，大家都在埋头工作的办公室会令你感觉振奋，干净整齐的书桌可以帮你专心致志，这些都是环境的塑造力量。

我们可以主动地选择我们的环境，也可以随心所欲地改造它。

不少学员早起后不久就又爬回床上睡觉，在学过这部分之后他们才知道是自己所处的环境不舒适。一些学员换了更亮的灯，买了更舒服的椅子，用香薰制造气氛，还有一些学员受条件限制，干脆选择起床后收拾一下就离开住所。

充分认识到人的影响

至少有5种人影响着你坚持的进程。

诱惑者： 前面已经讲过，你应该在开始前和他们沟通，确保他们不会做出诱惑你的行为。

观众： 当你取得了一定成就，可以秀给他们看。但不是现在，是等你已经清楚地知道自己要坚持的是什么，并且已经坚持了足够长的时间之后。

导师：如果能在坚持的过程中有人指导，那将是非常幸运的事情。你有必要思考一下在这个领域有哪些人做得好，或有什么相关书籍来指导你行动。

同伴：一个志同道合的小伙伴可以帮你消除旅途的孤独感，你们之间的相互分享和讨论可以促进你们思考，这非常有益。

监督者：如果你能找到一位愿意花时间和心思监督你的人，请一定要珍惜。和同伴不同，他要付出的努力更多，关注你的每一个行为，确保你正沿着正确的道路前行。

调节身心状态

一位学员觉得洗澡后人会比较舒爽，所以她每晚开始自己的晚间学习前，都先沐浴，让自己的身体热乎起来、头脑兴奋起来。另一位学员在练习冥想，他知道这可以让自己静下来，更专注，所以紧张工作前他总会先冥想10分钟，让自己放松些。

行为的主体是我们自己，我们的状态会直接影响行为的发生。午饭过后，你可能什么也不想做，也许除了午休之外，安排不了任何习惯。除了冥想和沐浴之外，锻炼、饮食、调整呼吸、小睡都可以调节你的身心状态，你应该把那些比较困难的行为安排在自己积极的状态下。

对于那位坚持锻炼身体的学员来说，跑步为什么比健身操更难？从6种因素来看，跑步受环境（天气）影响很大，而且要在比住所更远的地方（如操场）才能执行，同时这位学员还会担心其他人的眼光，因此只能选择天黑后跑。这些制约条件导致了跑步是个限制更多、困难更大的行为。

行为固化期，你必须竭尽全力去控制影响你坚持的六大要素，让它们按照更有利于你的方式被确定下来。你对它们的掌控越强，你的行为发生概率也就越大。

祝贺你读完这本"干货集"，不过，书中的这些信息并不能给你带来实际的价值，唯有按照其中的方法行动才能助你成就更好的自己。为了帮助你实践，我专门为你准备了这本书的"读者实践中心"，你可以扫描下方的二维码，加入自律帮，做个自由的人。若有疑问，也可以随时与我联系，搜索微信公众号：自律帮。

第三章总结

☐ 我不需要每天都一样，习惯是个概率。

☐ 我要坚持练习正确的步骤而不是结果。

☐ 我现在处于探索尝试期，我的任务是摸索出适合我自己的行为。

☐ 我应该去想这段时间我能做什么而不是"不玩手机"。

☐ 我要提前准备好物品。

☐ 我要为我的习惯特意安排好时间。

后 记

恭喜你读完了这本书，真的，这绝对是一件值得祝贺的事，因为很多人忙得没时间读完这本教人管理时间的书。

高兴之余，我得再给你提个醒。千万不要满足于读完了这本书。止步于此，你很可能什么也没改变，这将给你带来两方面巨大的损失：第一，你可能忽视了时间管理能给你带来的巨大价值；第二，你可能没有把这份价值变成自己的。

我从第一个问题开始，分享我从接触时间管理到现在这十几年的时间里，时间管理给我带来的意想不到的神奇变化。

2006年是我的时间管理元年，那时我正在第一次创业。在此之前，我是个IT行业的软件工程师。创业，要求我必须变成老师、管理者、协作者、对大客户的销售和维护者，以及对中断客户销售的销售和维护者，甚至，还必须承担一部分软件开发的工作。

这才让我突然发现时间是那么不够用。工作内容单一、生活也单调的人，往往意识不到时间有什么用，因为大部分时间被别人管，做的事情也没挑战，自己又没有高要求。而创业，恰恰把我推到必须自主、充满困难、又有很高期待的状态里。所以我才开始学习时间管理，阅读大量的书籍。在那个阶段，是时间管理使我从一个技能单一的人变成了多面手，这也为我日后成为跨界者（无论做产品经理、培训老师、运营社群、研发App、做视频、写书，还是当个爸爸，我都能游刃有余）打下基础。

2008年是第二个关键节点。连续几年拼命创业，我身心俱疲，不堪重负，终于倒在病床上。我也是从那个时候开始反思整个人生。到底什么是最值得珍惜的？到底想过什么样的生活？这样一味拼命挣钱真的能通向我理想的生活吗？

时间管理给了我从整个人生的宏观视角去检视

生命的能力，并且我从中得到了极富意义的反思。我把对均衡生活的追求提到了前所未有的高度。生活应该是丰富多彩、充满乐趣的，这样的生活会对时间管理和自律能力提出挑战，追求这样的生活本身就是一种幸福。

2011年又是一个拐点，我彻底结束了第一次创业，开启了以时间管理和自律为主题的助人事业，时间管理成了我的事业、梦想、安身立命的根本。另外一种也许是更重要的价值在于，从这个时间点开始，我成了"单干户"，彻底自由，再也不用受约束。很多曾经自己做事的读者都有过体会，这对人的自律性有极高的要求。

没人管理你了，自己管自己。能不能保持良好的生活规律、身体状态、精神状态？能不能保持旺盛的斗志全身心地投入工作？而时间管理恰恰保证了我做到这一点。

隔年，我开始早起，5:30起床，后来又改成4:00起床。时间管理给我的进步带来了源源不断的动力，我开始养成一个又一个的好习惯。

到了2015年，我出版了我的第一本书《哪有没时间这回事》，也就是你现在读到的这本书的旧版。时间管理让我得到了一份满意的结果。之前人们并不相信我在做的事，有些人觉得是在瞎折腾，甚至有些人觉得是任性、不负责，但在书出版之后，大家看到了我取得的成就。

到了今天，时间管理已经帮我实现了财务自由。我可以以自己喜欢的方式度过每一天，开心地经营我的自律帮社群、完善"自律帮" App，并且过着自律的生活。

看到这里，你还会觉时间管理仅仅是提高效率、克服拖延那么简单吗？如果说父母给了我生命的长度，那么时间管理就给了我生命的质量。它是一种技能，但绝不是一种小技能，而是其他技能的基础。它就像燃料，保证了其他技能可以良性运转。时间管理做不好，无论考试、升迁、健身、婚恋，效果都会大打折扣，不会时间管理的人想做出改变，要么速度如龟爬，要么根本坚持不下来。

是的，有共鸣吧？你确实认识到时间管理的价值了，但可能没有通过正确的方式，从学习中真正获取这种价值，这也就是我要跟你说的第二点——可能的损失。

时间管理是种技能，需要学习，更需要大量的练习，就像学习游泳和骑自行车一样。你现在学完了，就应该立刻把它应用到工作和生活中，刚开始可能会不习惯，这是正常的。

你不能看了几个游泳视频、听了一堂游泳讲座，不下水就会游泳了，即使下了水，你也不会立马会游泳。当你要学骑自行车，你必须先有一辆自行车，并且在完全掌握技巧之前天天骑、日日练。

很多学习者恰恰忽视了这个步骤，他们觉得读完了书、听完了课，就是学会了，他们觉得知道了就应该自然而然地做到。不是的，可以说，如果做不到，说明你什么都不知道。

这也是为什么我在接触时间管理后不久，就开始不断思索、设计和开发时间管理软件。没有趁手的工具去落地实践，仅仅掌握一些所谓的原则和技巧，是根本无法成为一个合格的时间管理者的。

经过这么多年不断地学习、反思、迭代，我设计开发了"自律帮"App。市场上与时间管理相关的软件多如牛毛。我还是硬着头皮亲自设计开发，主要是我看到已有的软件共同存在的三个核心问题。

第一，大部分时间管理软件的设计者都是做互联网技术的，他们仅凭自己对时间管理的粗浅理解就设计了软件，缺乏时间管理核心理念和科学方法。而我本科是计算机专业，研究生是心理学专业，工作是时间管理培训，又当过互联网产品经理，我所设计出来的软件是有内在灵魂的，紧密结合了我分享的科学有效的时间管理方法。

第二，管理自己本身是一件痛苦的事。"自律"这个词，很多人听到的感觉如同自虐，这虽然是误解，但说明管理自己本身的确是困难重重的，而且孤独。大部分软件，都是一个人闷头摆弄，缺乏他人监督、伙伴支持，没有及时的反馈和成就感，人们就很难坚持下去。所以"自律帮"App才被设计为一个社区化的时间管理工具，让你时时刻刻都能感受到有一群优秀的小伙伴，和你一起努力过好每一天，提高效率，安排时间，过自己理想中的生活。

第三，大部分时间管理软件的功能都是单一的，要么是清单，要么是打卡，要么是日历，要么是计时器，要么是笔记，要么是专门写日记的。而一个真正想全方位管理好自己的人，是不可能同时用这么多款软件的，因为这样管理成本太高，而且软件之间的数据也不互通。所以，我把"自律帮"App定位为一款一站式全功能软件，它包含了你想要的一切，而且还在持续扩展，帮你把自律渗透到生活的方方面面。

如果你能体会到我这份执着和良苦用心，那么请你千万不要忽视练习的价值，只有每天不间断的实践，才能让你把这本书所孕育的价值彻底释放出来，变为己有。

现在是道别的时候，我们的这次对话彻底结束了，希望它对你而言是愉快且富有意义的。祝愿你的人生充盈富足，期待和你在我的App上再次相会，拜拜！

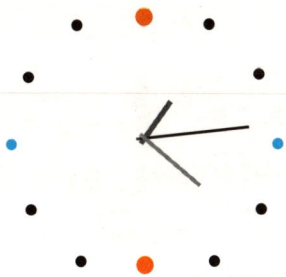